BLOCKCHAIN,

CRIPTOVALUTE

E

DECENTRALIZZAZIONE MONETARIA

GUSTAVO PANFILI

Sommario

Introduzione

—

Da circa cinque anni stiamo assistendo, chi in modo diretto e chi in modo indiretto, alla seconda grande rivoluzione tecnologica dopo l'avvento di Internet. Il famoso World Wide Web rivoluzionò letteralmente il nostro modo di vivere. Basti pensare alla possibilità di inviare un messaggio all'altro capo del mondo nel giro di uno-due secondi o, per esempio, recepire informazioni da ogni parte del globo in tempo reale.

Alcuni esperti credono che la blockchain e i suoi derivati avranno la stessa potenza d'impatto che ebbe Internet negli anni '90. Il presente lavoro cercherà di fare luce su concetti quali blockchain, criptovalute, smart contracts, provando a delineare quelli che sono gli aspetti positivi e negativi. È fondamentale capire fin da ora un semplice concetto. Fiducia. L'intero sistema, infatti, si basa sulla fiducia. Parliamo di una tecnologia "Trust" per definizione. Possiamo sicuramente affermare che fin dall'alba dei tempi non si sia mai configurato un tale paradigma. Più precisamente si è sempre fatto ricorso ad una terza figura arbitraria. Oggigiorno, ad esempio, ogni qualvolta depositiamo il nostro denaro in banca, investiamo la medesima della nostra fiducia. La fiducia nel proteggere il nostro

2

denaro, per renderlo disponibile ogni qualvolta si presenti la necessità. Ovviamente, siamo liberi anche di comportarci in altro modo. Evitare dunque di depositare il nostro denaro in banca, utilizzare il contante ed affrontare tutta una serie di scontate difficoltà. Si renderebbe impossibile, ad esempio, acquistare beni e servizi online a costi bassi e in tempi brevi. Ulteriore obiettivo di questo lavoro è cercare di esplicare nel modo più semplice ma preciso possibile il funzionamento dell'intero apparato al fine di far comprendere che le criptovalute non rappresentano il male assoluto né tantomeno sono nate per scopi criminosi. L'uso che se ne fa non deve pregiudicare o falsare il nostro giudizio. Del resto, atti criminali vengono commessi anche utilizzando valute a corso legale eppure, queste ultime, non vengono demonizzate.

Nel primo capitolo si andrà ad analizzare la definizione di criptovaluta dopo un breve excursus storico riguardo la nascita e sviluppo della moneta a corso forzoso. Chiusa questa breve parentesi, si proseguirà dando una prima definizione di criptovaluta, cercando di illustrare cosa essa sia. La definizione formale che la inquadra come una valuta paritaria e digitale basando il suo funzionamento nei principi della crittografia e della condivisione tra le persone, risulterà essere alquanto riduttiva alla luce delle informazioni mostrate. Grazie alla crittografia e a

3

degli algoritmi precisi, ogni tipologia di criptovaluta possiede una sorta di carta d'identità contenente le sue peculiarità, il suo funzionamento, come si attua la sua creazione o, per meglio dire, la sua estrazione, dal momento che viene meno la figura di una banca centrale o un ente atto a coniare moneta. Si prenderà a riferimento quella che sicuramente risulta essere la criptovaluta più famosa, il bitcoin, analizzando tutto il suo sviluppo fino ad oggi partendo dal 2008, momento in cui è "nata" grazie al suo presunto creatore Satoshi Nakamoto[1].

Completato un primo quadro informativo come scritto poc'anzi, si passerà ad analizzare in modo più specifico e analitico uno dei due temi principali di questa tesi. Le criptovalute. Superate le dovute definizioni a riguardo, il secondo capitolo verterà sugli aspetti tecnici, sulle peculiarità che contraddistinguono una criptovaluta da un'altra, sul meccanismo di una transazione in bitcoin, sugli elementi portanti della moneta virtuale facendo riferimento, ovviamente, alla moneta Fiat. Inoltre, sarà più chiaro anche il concetto di decentralizzazione e di estrazione grazie al mining. Si cercherà di fornire un quadro completo sugli aspetti funzionali delle criptovalute in modo da comprendere tutto il loro

---

[1] L'identità certa del/i creatore/i del protocollo Bitcoin risulta ancora un'incognita. Satoshi Nakamoto è l'alias utilizzato dall'autore o dagli autori.

potenziale. Si faranno oltretutto paragoni con altre criptovalute famose, come Monero o Ripple, al fine di illustrare come ogni valuta nasca per soddisfare determinati requisiti.

La terza parte rappresenta il cuore pulsante di quanto detto finora. La vera rivoluzione, la vera tecnologia che ha cambiato, sta cambiando e cambierà ogni aspetto della nostra vita ha un preciso nome. Blockchain. Obiettivo fondamentale di questo lavoro è proprio quello di portare alla luce quella che è la madre naturale delle criptovalute e di infinite altre applicazioni. Parliamo, nello specifico, di una evoluzione del cosiddetto libro contabile o libro mastro. Tale strumento è sempre esistito, utile a salvare o tenere traccia degli scambi commerciali, delle transazioni finanziarie, proprietà e quant'altro. Si passa però da un sistema centralizzato, quindi nelle mani di uno o di pochi ad un sistema decentralizzato e distribuito. Un libro contabile non più nelle mani della sola banca, ad esempio, ma in quelle di migliaia se non milioni di persone. Un database trasparente che registra ogni singola transazione di qualsiasi natura, rendendola pubblica, immutabile, incorruttibile, immodificabile, irrevocabile senza un consenso superiore al 50%+1 dei partecipanti. Un libro mastro che di fatto elimina la necessità di un terzo soggetto atto a garantire il corretto svolgimento di una transazione in quanto risulterà obsoleto, aumentando al contempo la sicurezza e diminuendo in modo drastico i costi. Per spiegare meglio questo strumento si può fare riferimento ad un istituto bancario e il suo server dove sono contenuti tutti i dati delle persone ivi registrate, transazioni effettuate, negoziazioni finanziarie ecc. La nostra speranza è che nessun soggetto non autorizzato violi tale sistema al fine di danneggiare, in primis, le persone e i loro patrimoni. Nel caso della blockchain, invece, il problema viene meno per il semplice fatto che tutta la documentazione presente all'interno del server della banca e distribuita tra migliaia e migliaia di persone sparse sul globo. Un libro contabile accessibile da chiunque e da qualsiasi parte del mondo contenente, di nuovo, ogni singola transazione. Le declinazioni operative, come si potrà constatare nel capitolo tre, sono praticamente infinite. Dal settore finanziario a quello commerciale passando per la sanità, pubblica amministrazione, elezioni elettorali, agrifood, contratti intelligenti, crowdfunding, ecc.

Il lavoro qui presente cercherà, successivamente, di fornire una sorta di analisi sulle criptovalute dal punto di vista normativo. Operazione, questa, non proprio facile. Le istituzioni, infatti, si sono attivate relativamente da poco per via del vertiginoso aumento nell'uso e consumo delle criptovalute, dell'esplosione del loro valore finanziario e dell'accostamento di questi strumenti al finanziamento del terrorismo, riciclaggio di denaro, evasione fiscale, deep web. Nell'analisi si potranno individuare paesi estremamente ostili come la Cina, Corea, Nepal, Vietnam; paesi favorevoli tanto da rendere il bitcoin legalmente riconosciuto, come il Giappone; paesi in via di regolamentazione come la Russia e gli Usa. Si analizzerà nello specifico anche la situazione in Italia dove al momento l'unica cosa certa è l'esenzione IVA per le operazioni in criptovalute. Purtroppo, come si diceva qualche riga più su, non sarà facile in quanto c'è una più che variegata realtà normativa a riguardo. In chiusura si avrà anche modo di constatare quelli che sono gli utilizzi criminali più in voga, dai mercati neri del deep web dove è possibile reperire ogni tipologia di droga, armi, organi umani, sicari e via dicendo fino alle attività di riciclaggio e di evasione. Questa parte confermerà quanto possa essere sbagliato concentrarsi sul bitcoin rendendolo sinonimo di illegalità per tralasciare, ça va sans dire, aspetti estremamente più importanti come la regolamentazione della raccolta di capitali (ICO), nonché le strategie idonee a contrastare criptovalute sicuramente più pericolose del bitcoin e utilizzate, di fatto, negli ambienti criminali.

CAPITOLO PRIMO

Inquadramento storico e definizione delle criptovalute

—

1.1 Evoluzione della moneta. Dal baratto agli accordi di Bretton Woods

Appare quasi dovuto, prima di dar luce al sistema che si cela dietro la blockchain e le criptovalute, ripercorrere brevemente la storia della moneta. Inoltre, fatto non di poco conto, il concetto di moneta è assolutamente importante in quanto oggi, i diversi governi di tutto il mondo, stanno cercando di regolamentare l'intero settore delle criptovalute. Per fare questo, però, occorre prima identificare lo strumento e, successivamente, decidere se equipararlo o meno alle valute correnti. Infine, è bene sottolineare la sostanziale differenza tra la moneta e il concetto di denaro. Quest'ultimo altro non è che il circolante accettato dal mercato in un determinato periodo storico: monete d'argento, monete d'oro, barrette di ferro, di sale ecc. La moneta, invece, viene accettata come denaro solo fino a quando la stessa viene accettata dal mercato. Essa si configura come il circolante emesso da uno Stato in un preciso momento storico. Appare evidente come una moneta fuori corso non rientri nella categoria del denaro.

Come scrive il premio Nobel Paul Anthony Samuelson[2], «*La moneta, in quanto moneta e non in quanto merce, è voluta non per il suo valore intrinseco, ma per le cose che consente di acquistare.*»*(Samuelson 1983)*

Si può asserire che il pilastro centrale della moneta sia proprio quello di strumento di pagamento[3]. La moneta, però, non è un fenomeno nato "per caso".

Si suppone, infatti, che le prime forme di relazioni commerciali siano avvenute tramite il cosiddetto baratto. Tale sistema prevedeva lo scambio di beni e servizi in cambio degli stessi di valore equivalente. I due soggetti attivi di questa forma embrionale di scambio commerciale trovavano l'accordo sul valore della trattativa mediante

---

[2] Paul Samuelson è stato un economista statunitense, vincitore della John Bates Clark Medal nel 1947 e del premio Nobel per l'economia nel 1970, «*per l'opera scientifica attraverso la quale ha sviluppato la teoria economica statica e dinamica, e contribuito attivamente ad aumentare il livello dell'analisi nella scienza economica*»

[3] Per moneta si intende tutto quello che viene utilizzato come mezzo di pagamento e intermediario degli scambi e che svolge le funzioni di: misura del valore (moneta come unità di conto); mezzo di scambio nella compravendita di beni e servizi e in genere nelle transazioni commerciali (moneta come strumento di pagamento); fondo di valore (moneta come riserva di valore).

contrattazione. Questa prassi non era per nulla scontata in quanto la difficoltà risiedeva proprio nell'individuare il bisogno reciproco per taluni beni o servizi. Si poteva presentare il caso in cui uno dei due soggetti non aveva alcun bisogno o necessità dei beni dell'altro e, di conseguenza, si andavano a configurare due strade: annullamento dell'operazione oppure, seconda ipotesi, accettare qualcosa in vista di un terzo scambio con altri soggetti. Appare evidente come era praticamente impossibile concludere "un'operazione commerciale" in tempi relativamente brevi. Come se non bastasse, inoltre, veniva meno il concetto di risparmio: a persona che produceva un bene doveva consumarlo. A tal proposito, basti pensare ai beni di genere alimentare.

Ecco perché, tenendo anche conto del normale aumento degli scambi commerciali, si è cercato di individuare un mezzo di pagamento accettato da chiunque e capace di superare i limiti strutturali del baratto.

L'archeologo James Henry Breasted[4] negli anni Venti del XX secolo coniò l'espressione "Mezzaluna Fertile"[5]. Proprio in questa grande regione del Medio

---

[4] James Henry Breasted Rockford, 27 agosto 1865 – 2 dicembre 1935) è stato un archeologo e storico statunitense.

[5] Mezzaluna Fertile è una regione storica del Medio Oriente. Questa regione viene spesso definita come la "culla della civiltà" a causa della sua straordinaria importanza nella

Oriente si svilupparono le prime civiltà agricole nonché le prime grandi nazioni dell'Antichità. Molto interessante risulta essere la scoperta di tavolette d'argilla mesopotamiche aventi la funzione di rappresentare i debiti/crediti. Come scrive David Graeber[6]: *"Gran parte di questi crediti era rappresentata fisicamente da tavolette di argilla con inscritti gli obblighi di pagamento futuro, che venivano poi chiuse in buste di argilla e segnate con il sigillo del debitore."(Graeber 2012)* In pratica era una sorta di obbligazione, una prima forma di debito.[7]

Durante questo periodo storico trova spazio uno strumento che prende il nome di moneta-merce. Affinché venisse riconosciuta come mezzo di pagamento, la moneta merce doveva rispettare diversi

---

storia umana dal Neolitico all'Età del bronzo e del ferro. Tra l'altro, fu nelle valli fertili dei quattro grandi fiumi della regione (Nilo, Giordano, Tigri ed Eufrate) che si svilupparono le prime civiltà agricole e le prime grandi nazioni dell'Antichità. I Sumeri, in particolare, ritenuti i rappresentanti della prima civiltà stanziale della storia, fiorirono in Mesopotamia (V millennio a.C.).

[6] David Graeber (New York, 12 febbraio 1961) è un antropologo e attivista anarchico statunitense.

[7] Come scrive Graeber "Non abbiamo cominciato col baratto, per poi scoprire la moneta e alla fine sviluppare un sistema di credito. È successo proprio l'opposto. Non è il baratto la categoria fondante dell'economia e delle società umane, bensì il debito." David Graeber (2012). "Il Debito", Il Saggiatore

requisiti[8]. Contestualmente a questo, crebbe l'attenzione verso i metalli preziosi. I metalli possiedono diverse peculiarità come la resistenza al passare del tempo, possono essere divisi in qualsiasi forma o misura mantenendo, al contempo, le medesime proprietà fisiche iniziali. La popolazione ebraica, ad esempio, utilizzava già dal II millennio a.C. il *kikkar,* una specie di anello[9].

Secondo Erodoto, i Lidi furono il primo popolo ad introdurre l'uso di monete d'oro e d'argento e il primo a stabilire negozi per la vendita al minuto in località permanenti.[10] Infatti, le prime coniature di moneta vera e propria, avvennero proprio in Lidia[11], sotto la guida del sovrano Creso[12], nel VII secolo a.C. La moneta

---

[8] La moneta merce doveva rispettare requisiti ben definiti come: non deperibilità (che evita la perdita di valore); disponibilità (che garantisce una diffusa accettazione); verificabilità (che riduce le incertezze legate al pagamento); divisibilità (facilmente frazionabile).

[9] Il kikkar viene tradotto come " round" o talento. Un kikkar equivale a circa 34.3kg. Per approfondire: http://www.jewishvirtuallibrary.org/weights-measures-and-coins-of-the-biblical-and-talmudic-periods

[10] Erodoto. Storie, I, 94.

[11] La Lidia è un'antica regione storica (e un regno dell'età del ferro) localizzata nell'Asia Minore occidentale, generalmente a est dell'antica Ionia, nelle attuali province turche di Manisa e l'entroterra di Smirne

[12] Creso (596 a.C. – forse 546 a.C.) fu il trentesimo e ultimo sovrano della Lidia, su cui regnò dal 560/561 a.C. fino

prodotta prendeva il nome di elettro, una lega particolare contenente oro e argento. La Lidia fu nazione di contatto fra la civiltà greca e quella dell'Asia Minore grazie al suo sovrano. L'uso della moneta lidiana, se così la si può chiamare, arrivò nella Persia e nelle città greche. Nonostante il grande successo riscontrato, l'uso di monete metalliche presenta falle non di poco conto. Il primo limite riguarda il controllo dell'offerta di moneta. Servirà una quantità di moneta maggiore per regolare gli scambi commerciali di un paese con un alto tasso di Pil. Il problema risiede nelle variabili di produzione dei metalli stessi. Il secondo problema riguarda i trasferimenti di denaro. Risulterebbe svantaggioso e sicuramente molto rischioso trasferire ingenti quantità di denaro sotto forma di moneta.

La Cina, pioniere senza dubbio in materia, fu la prima a risolvere questi limiti producendo per la prima volta nella storia cartamoneta. Infatti, verso l'anno 812 d.C., a causa della temporanea carenza di rame, materiale primario necessario per la coniatura delle monete, si videro le prime carte-monete. Più precisamente erano simili a delle ricevute di deposito. Il loro utilizzo, però, non risulto essere duraturo[13]. Difatti a distanza di circa

---

alla sconfitta subita, intorno al 547 a.C., ad opera dei Persiani.

[13]   https://www.linkedin.com/pulse/storia-della-cartamoneta-franco-bianchi

cento anni, le famiglie più importanti della Cina decisero di garantire i cosiddetti biglietti di cambio. Nel vecchio continente, invece, bisognerà attendere il XVII secolo per assistere alla prima emissioni continuativa di cartamoneta appoggiata dallo Stato. Molto interessante notare come codeste carte monete avessero caratteristiche riscontrabili ancora oggi con le attuali banconote.[14]

Nel XIX secolo si va a delineare da un lato l'espansione industriale e, dall'altro, l'aumento del benessere. Maggiori furono anche le persone capaci di risparmiare e, di conseguenza, era necessario assicurare un costante flusso di moneta. Il cosiddetto *Gold Standard,* infatti, prevedeva che l'oro assumesse la funzione di equivalente generale. Più specificatamente ogni moneta nazionale era convertibile con l'oro, vigeva un sistema a cambi fissi ed infine non c'era limite alle esportazioni o importazioni di metallo giallo. Il sistema a cambi fissi era garantito proprio dalla quantità di oro sottostante ogni moneta e non dalla domanda e offerta di mercato. La Gran Bretagna fu la prima nazione a adottare il tallone aureo. Successivamente ad essa, susseguirono l'Impero germanico, Svizzera, Belgio, Italia, Francia, Spagna ecc. In questo sistema, la ricchezza di un paese dipendeva

---

[14]

http://www.moruzzi.it/una_breve_storia_della_banconota.ht ml dalle riserve d'oro possedute dalla sua banca centrale, e monete e banconote che passavano di mano in mano si potevano pensare come sostituti di una precisa quantità di quell'oro. Inoltre, ogni moneta o banconota poteva in teoria essere scambiata in ogni momento, a un tasso fisso, con la corrispondente quantità d'oro, presente nei depositi della Banca Centrale (Nosengo 2011). La novità arrivò dopo la fine della Seconda Guerra Mondiale quando il sistema aureo venne definitivamente sostituito dai cosiddetti *Accordi di Bretton Woods*[15]. Gli Stati Uniti da una parte e la Gran Bretagna dall'altra, furono i principali protagonisti della conferenza di Bretton Woods. Il delegato Usa, Harry Dexter White[16] e John Maynard Keynes[17],

---

[15] La conferenza di Bretton Woods (spesso genericamente identificata anche come accordi di Bretton Woods) si tenne dal 1° al 22 luglio 1944 nell'omonima località nei pressi di Carroll (New Hampshire), per stabilire le regole delle relazioni commerciali e finanziarie internazionali tra i principali paesi industrializzati del mondo occidentale. Di fatto furono una serie di accordi per definire un sistema di regole e procedure per controllare la politica monetaria internazionale.

[16]Harry Dexter White (Boston, 9 ottobre 1892 – Fitzwilliam, 16 agosto 1948) è stato un economista statunitense, membro anziano del Dipartimento del tesoro americano.

[17] John Maynard Keynes, (Cambridge, 5 giugno 1883 – Tilton, 21 aprile 1946), è stato un economista britannico,

delegato inglese, presentarono rispettivamente diverse proposte per ricostruire tutta la struttura necessaria a regolare la politica monetaria internazionale e delle relazioni commerciali. Gli accordi di Bretton Woods rappresentano senza dubbio un compromesso tra i progetti[18] presentati dai rispettivi delegati ma, di fatto, il piano White ebbe sicuramente più peso. Il compromesso raggiunto, quindi, prevedeva la creazione del Fondo Monetario Internazionale e, contestualmente a questo, l'avvio della Banca internazionale per la ricostruzione e lo sviluppo. L'FMI aveva il ruolo di controllare, o meglio, di vigilare, sulla stabilità monetaria e al contempo cercare di ricostruire un sistema di commercio internazionale. La BIRS, invece, aveva il compito di sostenere la ricostruzione dei paesi coinvolti nel secondo conflitto mondiale. Nel corso degli anni, tali aiuti vennero poi elargiti a tutti i

---

padre della macroeconomia e considerato il più influente tra gli economisti del XX secolo.

[18] Il progetto di Keynes prevedeva la costituzione di una stanza di compensazione all'interno della quale i paesi membri avrebbero partecipato con quote rapportate al volume del loro commercio internazionale, in base alla media dell'ultimo triennio. La compensazione tra debiti e crediti avveniva tramite una moneta denominata Bancor. Il piano White prevedeva un ente sovranazionale, nel quale i paesi avevano un peso rapportato alla quota del capitale sottoscritto; essi avrebbero potuto accedere ai prestiti in proporzione a tale quota, in un sistema dollaro-centrico.

paesi in via di sviluppo membri, quest'ultimi, dell'organizzazione. Da un punto di vista prettamente monetario, con gli accordi di Bretton Woods, si è andato a configurare un sistema *limping gold exchange standard*; la convertibilità della moneta in oro restava limitata alle sole banche centrali. Con gli accordi, inoltre, il dollaro assumeva lo stesso valore dell'oro e di conseguenza detenere oro o detenere dollari risultava essere la stessa cosa. Tale sistema incontrò però la fine negli anni '70 quando, a causa della guerra del Vietnam, gli Stati Uniti furono chiamati a risolvere l'aumento vertiginoso della spesa pubblica da un lato e, dall'altro, soddisfare le richieste di cambio moneta-oro dei diversi paesi. È bene sottolineare come gli Usa abbiano elargito più di 12.000 tonnellate durante il sistema Bretton Woods. L'allora presidente statunitense, Richard Nixon[19], dichiarò la fine della convertibilità dollaro-oro a Camp David nel 1971 assistendo, di fatto, alla fine degli accordi di Bretton Woods. Il caos monetario successivo fu contenuto da un sistema di fluttuazione cosiddetta "sporca"[20], ovvero una struttura nella quale

---

[19] Richard Milhous Nixon (Yorba Linda, 9 gennaio 1913 – New York, 22 aprile 1994) è stato un politico statunitense, 37° Presidente degli Stati Uniti d'America.

[20] Nel sistema a fluttuazione sporca o spuria, le autorità monetarie vanno ad intervenire più o meno intensamente nel mercato dei cambi, essendo, quest'ultimi, formalmente flessibili.

venivano meno le parità ufficialmente dichiarate ed i cambi erano dunque soggetti a libera fluttuazione.

1.2 Le criptovalute

Una versione totalmente peer-to-peer[21] di denaro elettronico favorirebbe il trasferimento di moneta da un soggetto A ad un soggetto B senza alcun soggetto C che funga da intermediario.

Uno dei limiti della moneta tradizionale, sia essa metallica o cartacea, è sempre stato rappresentato dalla possibilità di contraffazione. Nonostante l'introduzione di filigrane e punzoni difficilmente replicabili, questo fenomeno non è mai stato infatti eradicato. Le monete digitali, d'altro canto, sono soggette alla cosiddetta double spending, ovvero alla possibilità che il denaro, essendo virtuale, venga clonato e speso più di una volta. Il bitcoin risolve il problema della spesa-doppia grazie all'utilizzo di un network peer-to-peer distribuito, il quale esegue una

---

[21] In informatica, peer-to-peer (P2P; 'rete paritaria/paritetica') è un'espressione indicante un modello di architettura logica di rete informatica in cui i nodi non sono gerarchizzati unicamente sotto forma di client o server fissi ('clienti' e 'serventi'), ma pure sotto forma di nodi equivalenti o 'paritari' [peer], potendo fungere al contempo da client e server verso gli altri nodi terminali (host) della rete. L'esempio classico di P2P è la rete per la condivisione di file.

marcatura temporale (*time stamping*) sulle transazioni registrate in blocchi (*blockchain*) generando una prova computazionale dell'ordine cronologico degli stessi (Mione 2017)

Oggigiorno, ogni qualvolta decidiamo di recarci in banca per depositare del denaro o semplicemente quando usiamo la stessa per far accreditare lo stipendio, noi decidiamo di concedere fiducia a questo soggetto. Tale "operazione" accade perché noi, in quel momento, decidiamo di fidarci della banca come attore garante e responsabile del nostro denaro. Abbiamo dunque la possibilità di disporre dei nostri averi come e quando vogliamo senza, teoricamente, aver timore che qualcuno possa interferire al fine di danneggiare il nostro patrimonio.

Ulteriore considerazione. Sempre più persone decidono di vendere e/o comprare su Internet. Il commercio digitale fa affidamento quasi solamente su istituti finanziari capaci di poter gestire, per l'appunto, transazioni digitali. Ovviamente, il sistema funzione discretamente bene ma, come ogni cosa, si può sempre migliorare. Ci sono, purtroppo, dei limiti insiti nel sistema bancario stesso. Tornando al discorso della fiducia, possiamo concordare sul fatto che ad oggi non esistano transazioni totalmente irreversibili; una persona può pagare un bene o un servizio e, per svariati motivi, decidere di avviare una disputa con lo scopo di riappropriarsi di quanto speso. Come scrive Satoshi

Nakamoto[22]:" *Con la possibilità di reversibilità, si diffonde la necessità di fiducia"*. [...] È dunque necessario un sistema di pagamento elettronico basato su prova crittografica invece che sulla fiducia, che consenta a due controparti qualsiasi di negoziare direttamente tra loro senza la necessità di una terza parte di fiducia".(Nakamoto 2008).

Le criptovalute nascono per eliminare principalmente questa variabile della fiducia. Più precisamente, un trasferimento di criptovalute non necessita in alcun modo di un terzo soggetto con funzione di garante e, quindi, di un'istituzione finanziaria/bancaria. In parole molto semplici, ogni persona diventa la banca di sé stessa. Tale concetto sarà meglio illustrato nei capitoli successivi.

Ma cos'è, quindi, una criptovaluta? La definizione più semplice che si possa fornire a riguardo è quella che associa il concetto di criptovaluta a quello di moneta digitale. Una criptovaluta, crittovaluta o *cryptocurrency* è una valuta paritaria, decentralizzata e digitale la cui implementazione si basa sui principi della crittografia per convalidare le transazioni e la generazione di moneta in sé. Tale tecnologia sfrutta la crittografia al fine di verificare e convalidare ogni singola transazione. Come detto in precedenza, in

---

[22] Satoshi Nakamoto è lo pseudonimo dell'inventore della criptovaluta bitcoin

questo sistema non è presente un terzo soggetto utile a verificare una transazione. Stiamo parlando di una tecnologia totalmente decentralizzata in quanto non esiste una *Federal Reserve* o la *Bce,* tanto per rendere più semplice l'idea.

Altra caratteristica delle crittovalute è l'anonimato. È opinione diffusa quella che vede l'utilizzo di queste monete in forma totalmente anonima. A dir la verità, questa tesi è vera solamente in parte. Molto brevemente possiamo affermare senza ombra di dubbio che ogni singola transazione viene registrata in modo indelebile sulla *blockchain*, una specie di registro contabile pubblico consultabile a chiunque e, soprattutto, in modo permanente. Appare evidente, dunque, come l'aspetto dell'anonimato venga meno in questo caso. Ovviamente questa è un'analisi molto semplicistica in quanto non tiene conto di altre variabili. Gli aspetti più tecnici e rilevanti verranno affrontati nel secondo e terzo capitolo in modo più approfondito.

Attualmente, le criptovalute offrono una soluzione di pagamento alternativa a quella offerta dal sistema bancario attuale. Negli ultimi anni l'utilizzo di questa tecnologia è salito vertiginosamente, sia negli ambienti online che offline. In termini numerici, tanto per fare un esempio, ad oggi contiamo circa 1580 criptomonete[23]. Altro dato interessante, anche come risposta a chi pensa che sia solo un fenomeno digitale passeggero e poco rilevante, il Bitcoin[24] ha una capitalizzazione di mercato di circa $151.378.713.750[25],cifre innegabilmente rilevanti.

In conclusione, le criptovalute potrebbero davvero rivoluzionare, se non sostituire in un futuro non troppo lontano, il sistema monetario attuale. Come è stato scritto precedentemente, ad oggi non esistono transazioni totalmente irreversibili; il fatto che un terzo soggetto debba agire sotto forma di garante aumenta ovviamente i costi delle singole transazioni. La crittografia, invece, non solo risulterebbe essere più

----

[23] https://coinmarketcap.com/

[24] Bitcoin è una delle prime implementazioni di un concetto definito come criptovaluta, descritto per la prima volta nel 1998 da Wei Dai su una mailing list. (http://weidai.com/bmoney.txt). E' la criptovaluta più conosciuta essendo stata appunto la prima. Tuttavia Bitcoin ha dei precursori chiamati ECash, HashCash, B-Money, Bit Gold, Anonymous Electronic Cash. Nonostante ciò, i precedenti esperimenti sono sempre stati bloccati o da problemi esogeni, ovvero governi che si sono opposti e hanno spento i server centrali, o endogeni, ovvero software con limiti strutturali che non potevano garantire a fondo il servizio promesso (https://nextgenerationcurrency.com/la-storia-di-bitcoin/).

[25] https://coinmarketcap.com/

sicura ed affidabile per ovvie ragioni ma, fattore di non poco conto, renderebbe lo scambio di valuta estremamente economico. Eseguire una transazione in criptovalute, infatti, comporta un esborso economico pari a qualche centesimo di euro.

1.3 Nascita del Bitcoin

È opinione diffusa credere che il bitcoin sia oggetto di riferimento quando si parla di *cryptocurrencies*. È molto probabile, inoltre, che la maggior parte delle persone non addette ai lavori conosca più il bitcoin[26], piuttosto che la tecnologia motore della sua esistenza e sussistenza. Nella prima decade degli anni duemila, più precisamente nel 2008, veniva ufficialmente registrato online il dominio *bitcoin.org*. Non passò molto tempo *per* vedere la diffusione di un documento, "Bitcoin: A Peer-to-Peer Electronic Cash System" su una mailing

---

[26] Si ricorda che, per convenzione, si utilizza il termine con l'iniziale maiuscola "Bitcoin" per identificare il protocollo. Si opta invece per il termine con l'iniziale minuscola " bitcoin" per identificare la criptovaluta.

list[27] di crittografia[28]. Alla base di questa iniziativa si celava la tutt'ora enigmatica figura di Satoshi Nakamoto.

Circa un anno dopo l'evento sopracitato veniva rilasciato il codice madre del bitcoin e *minato*[29] il primo blocco disponibile. La parte riguardante "l'estrazione" di criptovaluta verrà affrontata in modo più approfondito nel secondo capitolo.

Ad ogni modo, questa è la rappresentazione del *genesis block*, o chiamato anche blocco 0:

---

[27] La mailing list è un servizio/strumento fruibile da una rete di computer verso vari utenti e costituito da un sistema organizzato per la partecipazione di più persone ad una discussione asincrona o per la distribuzione di informazioni utili agli interessati/iscritti attraverso l'invio di email ad una lista di indirizzi di posta elettronica di utenti iscritti.

[28] La crittografia è la branca della crittologia che tratta delle "scritture nascoste", ovvero dei metodi per rendere un messaggio "offuscato" in modo da non essere comprensibile/intelligibile a persone non autorizzate a leggerlo.

[29] Il termine "minare" viene utilizzato per indicare il procedimento attraverso il quale si va a cercare la chiave crittografica al fine di convalidare il blocco di transazioni. Una volta trovata, si convalida il blocco e si viene remunerati in criptovaluta. E' bene ricordare che non esiste un ente centrale atto a coniare crittovalute. In parole semplici, i *miners* vanno alla ricerca delle chiavi crittografiche per convalidare le transazioni presenti nel blocco.

" *GetHash()* =
0x000000000019d6689c085ae165831e934ff763ae46a2a6
c172b3f1b60a8ce26f

hashMerkleRoot =
0x4a5e1e4baab89f3a32518a88c31bc87f618f76673e2cc77
ab2127b7afdeda33b

txNew.vin[0].scriptSig = 486604799 4
0x736B6E616220726F662074756F6C69616220646E6F63
657320666F206B6E6972262206E6F20726F6C6C65636E6
1684320393030322F6E614A2F33302073656D69542065
6854

txNew.vout[0].nValue = 5000000000
txNew.vout[0].scriptPubKey =
0x5F1DF16B2B704C8A578D0BBAF74D385CDE12C11EE
50455F3C438EF4C3FBCF649B6DE611FEAE06279A6093
9E028A8D65C10B73071A6F16719274855FEB0FD8A670
4 OP_CHECKSIG

block.nVersion = 1
block.nTime = 1231006505
block.nBits = 0x1d00ffff
block.nNonce = 2083236893

CBlock(hash=000000000019d6, *ver=1,*
hashPrevBlock=00000000000000,
hashMerkleRoot=4a5e1e, *nTime=1231006505,*
nBits=1d00ffff, *nNonce=2083236893,* *vtx=1)*

27

CTransaction(hash=4a5e1e,   ver=1,   vin.size=1,
vout.size=1,   nLockTime=0)
   CTxIn(COutPoint(000000,   -1),   coinbase
04ffff001d0104455468652054696d65732030332f4a616e
e2f3230303920436861636e63656c6c6f72206f6e206272696e
6e6b206f66207365636f6e64206261696c6f75666f7220
62616e6b73)
   CTxOut(nValue=50.00000000,
   scriptPubKey=0x5F1DF16B2B704C8A578D0B)
   vMerkleTree: 4a5e1e "

Da questo blocco di transazioni, una volta convalidato, fu distribuita una *reward* pari a 50 bitcoin. Non passò molto tempo per la creazione del primo *Exchange* ove scambiare bitcoin con valuta Fiat (dollaro, euro, sterlina, ecc.)[30]. Durante il primo giorno di scambi, la quotazione della crittovaluta in questione si attestò a 0.07 dollari. Il sito in questione era il più che noto Mt.Gox. Celebre di fama prima, per essere stato il primo centro di cambio delle criptovalute; celebre di fama

---

[30] Con il termine valuta Fiat, nel linguaggio economico, intendiamo classificare la valuta legale, accettata come mezzo di scambio e senza alcun valore intrinseco. Ricordiamo che le valute dei vari Paesi non sono più legate ad una riserva aurea e di conseguenza sono prive di valore intrinseco.

dopo, nel 2014, per aver dichiarato bancarotta in seguito ad un furto di circa 850.000 bitcoin che, al cambio di allora, equivaleva a 450.000.000 di dollari. [31] Nel maggio 2010 arrivò una svolta importante. Un americano di nome Laszlo Hanyecz decise di pubblicare online un annuncio in cui chiedeva la consegna di due pizze in cambio di 10,000 bitcoin. Jeremy Sturdivant, cittadino inglese, rispose all'annuncio decidendo di ordinare le due pizze per Hanyecz in cambio di quanto indicato nell'annuncio. Questo è in assoluto il primo acquisto di beni reali per mezzo di una crittovaluta. All'epoca il valore di quei 10,000 btc era di circa 30$; al cambio attuale, però, quelle due pizze sarebbero costate circa 93.000.000 di dollari. [32] Il bitcoin viene regolarmente tradato[33] fino a raggiungere, nel 2013, la quotazione di 1000 dollari. Non durò molto questa ondata di ottimismo per la criptovaluta. Le peculiarità intrinseche del bitcoin quali decentralizzazione, nessun ente centrale di controllo, l'anonimato, favorirono, purtroppo, lo sviluppo di contesti assolutamente illegali. Ross

---

[31] In quel periodo un bitcoin quotava circa 15 dollari (https://www.buybitcoinworldwide.com/it/prezzi/).
[32] https://it.coinmill.com/BTC_USD.html#BTC=10000
[33] Compiere operazioni di compravendita di titoli o altri beni per proprio conto o per conto terzi

Ulbricht[34], infatti, gestiva il primo marketplace illegale della *darknet*[35]. Accessibile solo tramite *Tor*[36], l'e-commerce dell'illegalità vantava decine di migliaia di prodotti. Droga, denaro contraffatto, pornografia, documenti falsi, sicari, armi e molto altro.[37] La privacy offerta da *Tor* e l'assoluta riservatezza nei pagamenti

---

[34] Ross William Ulbricht, noto anche con lo pseudonimo di Dread Pirate Roberts (Austin, 27 marzo 1984), è un criminale e informatico statunitense.

[35] Una darknet (in italiano: Rete scura) è una rete virtuale privata nella quale gli utenti si connettono solamente con persone di cui si fidano. Nel suo significato più generale, una darknet può essere qualsiasi tipo di gruppo chiuso e privato di persone che comunicano, ma il nome è spesso usato per reti di condivisione di file (p2p). Le darknet possono essere usate per varie ragioni, come per esempio: proteggere meglio la privacy di cittadini soggetti a sorveglianza di massa, proteggere dissidenti da rappresaglie politiche, diffondere notizie di carattere riservato, compiere crimini informatici, vendita di prodotti illegali su criptomarket, condivisione di file, sia di contenuto legale che non.

[36] In informatica Tor (acronimo di The Onion Router) è un sistema di comunicazione anonima per Internet basato sulla seconda generazione del protocollo di rete di onion routing. Tramite l'utilizzo di Tor è molto più difficile tracciare l'attività Internet dell'utente; difatti l'uso di Tor è finalizzato a proteggere la privacy degli utenti, la loro libertà e la possibilità di condurre delle comunicazioni confidenziali senza che vengano monitorate.

[37] Justin Norrie, Asher Moses, Drugs bought with virtual cash, in Sydney Morning Herald, 12 giugno 2011

tramite criptovaluta furono campo fertile ove sviluppare traffici illegali. Il senatore Charles Schumer[38], durante una conferenza stampa, descrisse Silk Road[39] con queste parole: *"Si tratta chiaramente di uno sportello unico (one-stop shop) per le droghe illegali, che rappresenta il tentativo più sfacciato di vendere droghe online che abbiamo mai visto. È sfacciato anni luce più di ogni altra cosa" (Associated Press / Nbc 2011)*

Il 30 maggio 2015, *Dread Pirate Roberts,* pseudonimo di Ross Ulbricht, fu condannato in primo grado all'ergastolo essendo stato riconosciuto responsabile di svariati capi d'accusa[40]. È da sottolineare, inoltre, che Silk Road non è stato un caso sporadico. Nella *darknet* attualmente ci sono centinaia se non migliaia di altri e-commerce che vanno dalla "semplice" vendita di droga

---

[38] Charles Ellis "Chuck" Schumer (New York, 23 novembre 1950) è un politico statunitense, attuale senatore per lo stato di New York e membro della Camera dei Rappresentanti per lo stesso stato dal 1981 al 1999

[39] Silk Road era un sito di commercio elettronico che funzionava attraverso i servizi nascosti del software di anonimato Tor. Solo attraverso Tor, infatti, era possibile accedere al sito. Vari prodotti venduti su Silk Road sono classificati come prodotti di contrabbando dalla maggioranza delle giurisdizioni mondiali. Silk Road è stato definito come "l'Amazon delle droghe.

[40] Reati di associazione per delinquere, frode informatica, distribuzione di false identità, riciclaggio di denaro, traffico di droga, traffico di droga su internet e cospirazione per trafficare droga.

al traffico di organi o esseri umani.[41] [42] Senza dubbio, la chiusura di Silk Road causò una brusca frenata allo sviluppo della moneta digitale. È bene evidenziare, d'altro canto, come lo sviluppo dei mercati neri digitali sia solo un uso, sbagliato, delle cryptovalute. In altre parole, sarebbe come affermare che l'euro è illegale perché utilizzato per acquistare prodotti illegali. Il discorso legato alle attività illecite verrà comunque ripreso nel capitolo 4.4.

Altro dato degno di nota, presente nella storia del bitcoin, è quello legato all'avvertimento, da parte della Repubblica Popolare Cinese verso tutti gli istituti finanziari, aziende, privati ecc., nel 2013; ogni operazione finanziaria con oggetto le criptovalute veniva considerata illegale. La notizia è importante in quanto proprio in quel periodo l'80% degli scambi avveniva nel territorio cinese. Inoltre, la Cina, non ha mai abbandonato la via intrapresa cinque anni fa. Come scrive Paolo Ferrari (2018): *"Di oggi la notizia che il Firewall Cinese, una sorta di Grande Muraglia 2.0, dopo aver colpito le piattaforme di scambio interne, andrà a colpire anche i cinesi che hanno provveduto a spostare i*

---

[41] http://thesubmarine.it/2017/01/31/siamo-andati-a-fare-la-spesa-al-mercato-nero-del-dark-web/

[42]http://www.lastampa.it/2017/11/06/vaticaninsider/il-vaticano-contro-la-tratta-monitorare-deep-web-e-operazioni-finanziarie-sospette-lnQcjd94476sqD4LuoCoOL/pagina.html

propri fondi di criptovalute su piattaforme offshore. Insomma, la Cina sta arrivando direttamente al divieto totale" (Ferrari 2018). La tecnologia che si cela dietro il bitcoin è troppo innovativa e rivoluzionaria per scomparire o essere controllata da "pochi".

Un'altra considerazione da annotare è quella che vede il bitcoin trasformarsi in bene rifugio durante la crisi di Cipro nel 2013. Infatti, in circa sette giorni, il bitcoin raddoppiò il suo valore passando da 120 dollari a 240 dollari. La notizia del possibile prelievo forzoso sui conti correnti ciprioti spinse russi, greci e altri investitori, piccoli e grandi, a trovare rifugio nelle criptovalute per evitare qualsiasi forma di prelievo, nonché spostare agevolmente i capitali altrove.

Gli anni successivi al 2015 furono caratterizzati da un interesse sempre maggiore, aziende importanti e grandi istituti finanziari cominciarono ad avvicinarsi al progetto. Il bitcoin toccherà nuovamente il valore di 1000 dollari verso la fine del 2016 fino ad arrivare, nel 2017 a superare la soglia dei 5000 dollari. Frutto anche della speculazione finanziaria, il bitcoin arrivò a quotare nel dicembre 2017 l'incredibile cifra di 19.783 dollari[43].

Possiamo in conclusione affermare che il bitcoin nell'ultimo biennio abbia cavalcato l'onda

---

[43]http://www.ilsole24ore.com/art/tecnologie/2018-03-08/tutte-tappe-storia-bitcoin-200611.shtml?uuid=AEaqltDE&refresh_ce=1

dell'entusiasmo e di conseguenza registrato massimo storici degni di nota. Da un lato i grandi investitori ingolositi dalla spietata speculazione finanziaria, dall'altro un numero sempre maggiore di soggetti decisi ad accettare il bitcoin come forma di pagamento e, infine, gli ultimi arrivati, presi dall'euforia del momento.

Non dimentichiamo, però, l'aspetto più affascinante di tutta la questione; come abbia fatto un totale sconosciuto ad innescare una "rivoluzione" di una portata tale da entrare prepotentemente nell'agenda di Governo di quasi tutti i paesi del mondo con l'unico obiettivo di regolamentare l'intero settore delle *cryptocurrencies*.

CAPITOLO SECONDO

Le criptovalute: elementi e peculiarità

—

2.1 Quali e cosa sono

Come indicato brevemente nel primo capitolo, quando parliamo di criptovalute, intendiamo indicare valute digitali decentralizzate la cui struttura si basa su principi crittografici.

Per il primo aspetto, ovvero quello della decentralizzazione, ricordiamo che non esiste un ente centrale atto a coniare moneta digitale. Non esiste, inoltre, nessuna forma di controllo su di esse da parte di enti istituzionali e, soprattutto, non esistono e non possono esistere scenari in cui si manifesti una sorta di centralizzazione del sistema.

Il sistema Bitcoin, e di tutte le criptovalute in generale, infatti, prevede la creazione di moneta tramite uno specifico algoritmo[44]; quest'ultimo, ricordiamo, è necessario per convalidare e certificare qualsiasi transazioni nel sistema.

------

[44] Un algoritmo è un procedimento che risolve un determinato problema attraverso un numero finito di passi elementari in un tempo ragionevole.

Abbiamo capito, inoltre, in base anche a quanto esposto nel primo capitolo, che il valore del bitcoin e delle altre milleseicento circa criptovalute è deciso dal libero mercato, domanda e offerta.

Senza entrare troppo nei tecnicismi della crittografia, oggetto non di questa tesi, andremo ad illustrare i due principali algoritmi al fine di illustrare anche altre criptovalute, oltre il ben noto bitcoin. È bene ricordare che la funzione della crittografia non è solo quella riguardante la protezione di dati sensibili, come ad esempio informazioni militari. Nel nostro caso, la riservatezza dei dati ci interessa ben poco. D'altro canto, però, la crittografia ci offre la possibilità di mantenere l'integrità dei dati in nostro possesso e ci garantisce l'autenticità degli stessi.

Partendo proprio dalla *cryptocurrency* di riferimento, il bitcoin, iniziamo a far luce sulla crittografia alla base operativa di questa tecnologia:

- *SHA-256*: Questo è il tipo di algoritmo utilizzato dalla moneta bitcoin, *bitcoindark*, *Peercoin*, MazaCoin, NameCoin, ecc. Acronimo di Secure Hash Algorithm, identifica un'insieme di funzioni crittografiche ed è stato il primo ad essere implementato nel contesto cryptovalute. A livello operativo, una parte di dati ben precisa viene trasformata in codice di tipo 256 bit. Tale codice, inoltre, è irreversibile; ciò significa che è assolutamente impossibile risalire al codice sorgente tramite quello finale. La funzione di *hashing* fa una mappa dei dati in entrata dando origine ad una sequenza di dati binari in un ordine prestabilito chiamato *message digest*. L'*hashing* permette dunque di trasformare ad esempio una frase ordinaria in una stringa binaria alfanumerica.

Esempio di *message digest* generato da algoritmo SHA-1 (algoritmo tra i più utilizzati nei sistemi di sicurezza):

SHA1("<u>Cantami</u> o diva del Pelide Achille l'ira funesta")
= 1f8a690b7366a2323e2d5b045120da7e93896f47

Cambiando anche solo una lettera ad una parola si va ad innescare una sorta di reazione a catena la quale va a modificare completamente il messaggio in uscita:

SHA1("<u>Contami</u> o diva del Pelide Achille l'ira funesta")

$= e5f08d98bf18385e2f26b904cad23c734d530ffb^{45}$

La funzione di *hashing* dell'algoritmo SHA-256 non risulta essere troppo dispendiosa in termini di energia in quanto non possiede un grado di complessità particolarmente elevato. In termini di tempo, i blocchi di transazioni vengono elaborati con una media di uno ogni dieci minuti circa. Tanto maggiore sarà la potenza di *hashing* richiesta dalla rete, tanto più complesso e lungo risulterà essere il processo di estrazione per i minatori.[46]

- **Scrypt**: Per ovviare al potenziale pericolo di accentramento della potenza di calcolo[47], l'algoritmo *Scrypt* nasce con lo scopo di permettere agli utenti di poter estrarre moneta digitale senza l'uso di macchinari costosi. Rispetto al protocollo Bitcoin, questo algoritmo

---

45

https://it.wikipedia.org/wiki/Secure_Hash_Algorithm

[46] Difficoltà di hash.

[47] Esistono macchine specifiche per il *mining*. Gli *Asic,* per l'appunto, sono macchinari creati appositamente per svolgere queste funzioni. La difficoltà di calcolo riguardo la convalida delle transazioni continua a richiedere macchine sempre più potenti e ovviamente dispendiose, sia in termini energetici che in termini economici.

permette una più "leggera" versione di hash e dunque offre la possibilità di elaborare un blocco, ovvero un gruppo di svariate transazioni, ogni trenta secondi circa. Altro dato degno di nota è l'impatto energetico. Rispetto al protocollo *SHA-256,* lo *Scrypt* è sicuramente più veloce perché più semplice. Lo si può tranquillamente usare su un normalissimo computer in quanto non richiede una potenza particolarmente elevata. La più famosa *cryptocurrency* basata su questo algoritmo è senza dubbio il Litecoin. Considerato come l'argento delle cryptovalute, è stato per anni il principale avversario del bitcoin. Il suo creatore, Charles Lee, ex dipendente Google, decise nel 2011 di creare una moneta che il tempo ha poi classificato come strumento complementare al bitcoin. Oggi possiamo affermare che non sia stata l'unica ad aver avuto questo privilegio.

Come già accennato precedentemente oggi contiamo circa 1600 *cryptocurrencies* e risulterebbe alquanto impossibile illustrare ogni singola moneta digitale. Altra considerazione da fare è che non tutte possono vantare un progetto valido alle spalle e di conseguenza gran parte di esse tenderanno a scomparire. Ad ogni modo, piattaforme/monete digitali importanti come *Ripple* o *Ethereum* verranno riprese nei capitoli successivi in quanto non sono solo delle "semplici" crittovalute.

2.2 Peculiarità delle criptovalute

	Criptovaluta	Valuta Fiat
Anonimato	Si	No
Irreversibilità transazioni	Si	No
Velocità transazioni	Da 2 secondi per alcune criptovalute a 10-12 minuti per altre.	Istantaneo se pagamento in contanti o tramite carta di credito/debito, minimo un giorno per bonifici.
Commissioni transazioni	Da 0.02 centesimi per alcune criptovalute a 50usd per altre.	Dipende dall'istituto bancario.

Globalità	Possono essere inviate in qualsiasi parte del mondo indipendente mente dalle politiche interne ed esterne di un paese.	I trasferimenti di denaro sono soggetti alle politiche interne o esterna in capo ad uno Stato (embarghi).
Possibilità di confische, bail in, sequestri, ecc.	No	Si
Sistema centralizzato	No, il sistema non necessita di una banca, ente o quant'altro per l'emissione di moneta e il controllo delle transazioni (tutte). SI parla infatti di sistema decentralizzat o e distribuito.	Si, il sistema monetario standard prevede un soggetto atto a coniare moneta e a controllare le transazioni (tutte).
Moneta inflazionistica/def lazionistica	Le criptovalute ad emissione già definita, come il bitcoin	Ogni Banca Centrale o ente atto a coniare moneta può decidere di battere nuova moneta

	(21 milioni), sono deflazionistiche. Quantità di moneta non modificabile in modo arbitrario.	qualora dovesse rendersi necessario.
Sicurezza	Il sistema si basa su principi crittografici. I dati sensibili non vengono richiesti per effettuare transazioni.	No, il sistema attuale è spesso soggetto a tentativi di phishing, clonazioni di carte, furto di dati sensibili.

Nei sistemi di pagamento tradizionali, digitali e non, troviamo purtroppo diverse insidie. Le forme di pagamento digitali sono note più o meno a tutti. Ad esempio, la holding *PayPal*, è una società che eroga servizi di tipo finanziario. Grazie ad essa, infatti, una persona può tranquillamente acquistare beni e servizi tramite internet o semplicemente trasferire denaro ad un altro soggetto. Il servizio, per quanto utile possa essere, presenta commissioni non certo di poco conto. Inoltre, anche qui, le transazioni non sono irreversibili. *PayPal,* d'altro canto, opera come fosse un istituto di credito. Si va a configurare, nuovamente, l'insidia del terzo soggetto atto a garantire il corretto svolgimento della transazione. E questo, ovviamente, ha un costo.

Le *cryptocurrencies* hanno acquisito importanza per l'assenza, o quasi, di cospicue commissioni, tempi di trasferimento valuta prossimi allo zero, irreversibilità dei trasferimenti o pagamenti, anonimato - parziale o assoluto- delle transazioni, decentralizzazione riguardo la creazione di moneta e controlli sui trasferimenti, risoluzione del problema del *double spending,* non esiste il concetto di "prelievo forzoso" o della "confisca" in quanto solo il legittimo proprietario ha la facoltà di disporre delle sue cryptovalute.

Partendo dal primo punto, le commissioni di servizio. Come detto qualche riga più su, *PayPal,* permette il trasferimento di moneta tramite internet. Il servizio, ovviamente, non è assolutamente gratuito. Numeri alla mano, infatti, il ricevente dei fondi paga una commissione pari al 3.4% con un'aggiunta di 0.35 centesimi di euro per ogni singola transazione[48]. Attenzione, questi numeri si riferiscono solamente a pagamenti in zona euro. Qualora dovessimo effettuare un trasferimento internazionale, un'ulteriore spesa sarebbe rappresentata dal tasso di cambio, non a favore dell'utente finale ovviamente.

---

[48] https://www.paypal.com/it/webapps/mpp/paypal-fees

Per comodità, useremo il bitcoin come secondo soggetto per il confronto. È bene ricordare, inoltre, la presenza di altre cryptocurrencies sicuramente più convenienti per il trasferimento di valuta (*Ripple*). Con il bitcoin è possibile trasferire qualsiasi tipologia di importo, da pochi centesimi a miliardi in qualsiasi parte del mondo pagando commissioni nell'ordine di qualche centesimo di euro. Nella fattispecie, però, si può osservare come il costo del servizio possa variare in base a determinati fattori. Ad esempio, in caso di rete Bitcoin congestionata per via di un elevato numero di transazioni da gestire, la commissione del servizio potrebbe aumentare per favorire la velocità di convalida del trasferimento messo in atto. Il Bitcoin, da qualche anno a questa parte, ha spesso sofferto di congestionamento rete per il semplice motivo che il suo uso è aumentato a dismisura. Proprio per questo motivo, la variazione in termini di tempo e costo, potrebbe scoraggiare un'attività commerciale ad accettare bitcoin; il titolare del bar, ad esempio, non può far attendere un cliente dieci-venti minuti per accertarsi dell'avvenuta convalida del trasferimento. In tal senso, è giusto segnalare come gli sviluppatori del protocollo Bitcoin abbiano lavorato ad una nuova struttura chiamata, per l'appunto, *lighting network*. Tale protocollo, brevemente, permetterà una migliore gestione dell'ingente traffico di dati sulla *blockchain* permettendo, quindi, di effettuare transazioni nel giro di due-quattro secondi al costo di pochi centesimi di euro. Questo, ovviamente, potenzierà senza alcun'ombra di dubbio l'applicazione commerciale.

Altra peculiarità è rappresentata dalla irreversibilità e immutabilità delle transazioni. Quando si effettua un trasferimento in criptovaluta, che sia in bitcoin o in una qualsiasi altra crittovaluta, la stessa è definitiva. Non è possibile in nessun modo ripudiare quel trasferimento, aprire una disputa, contattare un terzo soggetto per risolvere un problema legato alla transazione, ecc. Anche se dovessimo solamente sbagliare una lettera o un numero dell'identificativo di chi riceve la moneta, la somma trasferita andrebbe persa e in alcun modo sarebbe recuperabile. L'operazione di trasferimento, una volta confermata e immessa nella rete, non sarà più cancellabile. Non esiste, in pratica, una specie di revoca. È necessario, però, fare una dovuta considerazione in quanto si vanno a configurare due diverse tipologie di situazioni. La prima è quella che vede il consumatore effettuare un acquisto e, per svariate ragioni quali possono essere la mancanza di qualcosa all'interno di quanto acquistato, difetti di fabbrica non addebitabili al compratore o semplicemente il prodotto che si acquista è notevolmente differente da quanto proposto. In questi casi, ovviamente, è sacrosanto appellarsi ad un terzo soggetto per far valere i propri diritti. In ambito crittovalute esiste un servizio molto utilizzato anche al di fuori della rete. Parliamo ovviamente dell'*escrow* o, in italiano, acconto di garanzia[49]. Molto brevemente, tale sistema prevede il deposito cauzionale di una determinata somma presso un soggetto neutrale il quale la renderà disponibile al ricevente una volta consegnato il bene al compratore. La seconda situazione, invece, prevede tutti quei casi in cui si va a configurare un *chargeback* illecito o a scopo di frode. Ad esempio, se Marco ruba la carta di credito a Luigi per effettuare diversi acquisti, Luigi sarà obbligato, ovviamente, ad avviare una procedura di blocco carta e successivamente una richiesta di *chargeback* in quanto non è stato lui a concludere i suddetti acquisti. Chi ci rimette, però, è l'esercente dell'attività commerciale in quanto il denaro, una volta accertato il danno subito, viene congelato e detratto al fine di essere restituito al legittimo proprietario. In caso di pagamento tramite bitcoin, invece, il *chargeback* non è assolutamente uno scenario realizzabile fin dall'inizio.

---

[49] Un acconto di garanzia è un accordo legale nel quale un bene reale o virtuale è depositato da una parte presso il conto di una terza parte neutrale (agente), fino all'adempimento delle clausole contrattuali da parte dell'altra parte. All'adempimento delle clausole, l'agente consegnerà all'altra parte il bene depositato.

Proseguiamo analizzando brevemente l'aspetto del prelievo forzoso o di confisca applicato a questo tipo di denaro virtuale. Come si è già ripetuto più volte, le *cryptocurrencies* sono totalmente decentralizzate, non esiste nella forma più assoluta un ente centrale atto a coniare moneta o a controllare le transazioni. Appare dunque scontato come sia impossibile conoscere, proprietario a parte, chi detiene bitcoin ma soprattutto in che misura. Ma è certo che questo sia sufficiente ad essere invisibili agli occhi di chi è incaricato a controllare? Questa piccola nota ci permette di affrontare direttamente il discorso dell'anonimato.

È opinione largamente diffusa, purtroppo, quella che vede il connubio bitcoin-illegalità per via di questo fantomatico assoluto anonimato. Se è vero che il sistema non avendo un attore centrale atto a controllare le informazioni di chi acquista, vende, detiene bitcoin, potrebbe non riuscire a recuperare informazioni necessarie per le dovute verifiche, è vero anche che le transazioni vengono registrare in modo permanente e assolutamente immutabili su un registro pubblico e distribuito. Questo vuol dire che ogni singola persona può tranquillamente verificare lo scambio di un dato valore di bitcoin tra un soggetto A ed un soggetto B come e quando vuole. Questo registro, chiamato *blockchain,* verrà meglio spiegato nel capitolo terzo. Ulteriore considerazione. Se un soggetto decidesse di acquistare criptovaluta tramite i cosiddetti *exchange*[50] si troverebbe obbligato a fornire tutte le informazioni personali con annessi documenti di riconoscimento. Gli *exchange,* infatti, essendo una specie di centro cambio valuta, sono obbligati per legge a raccogliere le informazioni sensibili dei propri clienti. Appare scontato come, qualora si dovesse configurare una situazione del genere, quanto sarebbe facile e veloce risalire al reale proprietario dei fondi. Inoltre, è bene ricordare sempre, che il bitcoin e le altre *cryptocurrencies* non sono nate con il fine di favorire operazioni illegali. D'altro canto, è anche vero che hanno contribuito alla configurazione di situazioni molto *borderline* e, in certi casi, completamente non legali.[51] Come vedremo successivamente, acquistare bitcoin o altre *cryptocurrencies,* risulta possibile anche senza rivolgersi ad un *exchange.* Gli utenti che decidono di contribuire al progetto diventando *miners,* estrattori di criptovaluta, ricevono una commissione per il

---

[50] Piattaforme online ove è possibile acquistare criptomoneta in cambio di valuta a corso legale.

[51] Negli ultimi cinque anni si sono sviluppati una moltitudine di e-commerce illegali. Come indicato anche nel primo capitolo, *Silk Road* ne è la prova più evidente. Droghe di ogni genere, armi, servizi di carding, documenti falsi, prostituzione, materiale pedopornografico e molto altro. Per approfondimenti: http://www.corriere.it/inchieste/droga-armi-minori-killer-viaggio-deep-web-zona-web-senza-regole-morale-dove-tutto-possibile/44ed8fce-8935-11e1-a8e9-f84c50c7f614.shtml

servizio reso. Più precisamente, il soggetto che decide di mettere a disposizione della rete la sua elettricità e la sua macchina, che sia un normale pc o un *Asic*[52], riceve in cambio un pagamento in moneta virtuale. In questo caso, non c'è alcuna registrazione di dati o verifiche di documenti.

Ancora. Tra le milleseicento valute virtuali, alcune sono nate con un progetto alle spalle che desse priorità solo ed esclusivamente all'aspetto dell'anonimato. Cryptovalute come *Monero*[53], *Zcash*[54], *Bitcoin Private*[55], *Zencash*[56], infatti, hanno deciso di puntare su questo aspetto più di tutti. Come scrive su

---

[52] In elettronica digitale un application specific integrated circuit (ASIC) è un circuito integrato creato appositamente per risolvere un'applicazione di calcolo ben precisa. Uno specifico settore in cui si sono fatti strada i processori ASIC è il mondo bitcoin, grazie alle elevate prestazioni raggiungibili con questo tipo di tecnologia.

[53] Monero (XMR) è una criptovaluta creata nell'aprile 2014 che si focalizza sulla privacy, la decentralizzazione, la scalabilità e sulla fungibilità. Il suo primo nome è stato BitMonero per poi divenire semplicemente Monero che in esperanto significa moneta

[54] Zcash è una criptovaluta che offre privacy e trasparenza selettiva delle transazioni. I pagamenti Zcash sono pubblicati su una blockchain pubblica, ma il mittente, il ricevente e il valore della transazione possono rimanere privati.

[55] https://btcprivate.org

[56] https://zencash.com/

Wired Eugenio Spagnuolo, giornalista, *"In realtà Monero [...] a differenza di Bitcoin, utilizza il protocollo CryptoNote e alcune differenze algoritmiche sull'uso della blockchain, che per ora – è bene sottolinearlo – fanno sì che le transazioni non possano essere rintracciate e l'identità del mittente e del destinatario dei pagamenti siano totalmente protette."* E ancora:" Riccardo Spagni, uno degli sviluppatori di Monero ha spiegato che: *"L'obiettivo principale del progetto era proprio quello di creare una moneta digitale che consentisse la massima privacy dell'utente".* Riguardo Zcash, l'autore sostiene: *"Zcash invece è una valuta abbastanza recente: è stata lanciata nel gennaio 2016, per tutelare la privacy con una tecnica di crittografia all'avanguardia chiamata zk-Snark, che nasconde tutte le transazioni degli utenti e li protegge anche dalla criminalità informatica".* (Spagnuolo 2017)

In conclusione, l'aspetto dell'anonimato risulta essere una questione particolarmente delicata. Come si è appena potuto constatare, ci sono progetti che mirano alla totale "invisibilità" e altri, come il bitcoin, che puntano all'adozione *mainstream* di un sistema trasparente, economico, sicuro.

2.3 Differenze sostanziali con la moneta a corso forzoso

Uno dei padri del nuovo pensiero filosofico occidentale, Aristotele, sosteneva che la moneta dovesse avere quattro caratteristiche; valore intrinseco, disponibilità limitata, non deperibile, facilmente divisibile.

Citando Hayek, gli usi della moneta *"sono, semplicemente, conseguenze della funzione fondamentale della moneta quale mezzo di scambio e solo in condizioni eccezionali, come in caso di rapido apprezzamento, se ne separano"*.(von Hayek 1976)

Oggi definiamo moneta tutto quello che viene utilizzato come strumento di pagamento e allo stesso tempo svolge almeno una tra le funzioni quali riserva di valore, unità di conto, mezzo di scambio nella compravendita di beni e servizi.

<u>Strumento di pagamento</u>. Possiamo certamente affermare che il bitcoin si comporta in maniera esemplare nelle vesti di mezzo di scambio nella compravendita di beni e servizi. Infatti, con una media di 180.000 transazioni al giorno, la criptovaluta in questione si conferma un mezzo di scambio di tutto rispetto. Trasferimenti di valuta con tempistiche di effettuazione pari a circa nove minuti in qualsiasi parte del globo[57]; commissioni di servizio nell'ordine di pochi centesimi di euro indipendentemente dalla cifra

---

[57] https://blockchain.info/it/charts/n-transactions?timespan=30days&daysAverageString=7

trasferita[58]. La decentralizzazione, inoltre, aumenta ancor di più la volontà nell'usare la crittovaluta rispetto ad una valuta a corso forzoso. Molto semplicemente, una banca, qualsiasi essa sia, tiene traccia di qualsiasi movimento effettuato, che sia esso un deposito, un prelievo, una spesa o un investimento su di un registro specifico. Tale raccolta dati sarà poi disponibile alla banca stessa e a tutti i soggetti atti a controllare le movimentazioni fiscali di una persona. A riguardo, il politico e imprenditore italiano Silvio Berlusconi, fornisce un interessante spunto di riflessione su come possa "degenerare", da un punto di vista percettivo, un tale sistema ai danni della singola persona. Cito testualmente:" Abbiamo la sensazione di essere in uno Stato di polizia tributaria. Se acquistiamo una cucina che costa più di 3.600 euro, arriva la segnalazione all'Agenzia delle Entrate" (Forza Italia n.d.) Ovviamente, a scanso di equivoci, qui si parla di come un sistema centralizzato e troppo oppressivo possa rendere la vita delle persone particolarmente stressante. Discorso diverso, certamente, per i criminali. Non stupiamoci, quindi, se le persone

---

[58] E' bene ricordare sempre la presenza di altre *cryptocurrencies,* come *Ripple,* molto più vantaggiose per il trasferimento/cambio valuta. Le transazioni in *Ripple,* infatti, vengono convalidate nel giro di tre-quattro secondi con commissioni di 0.02/0.04 centesimi.

cercano ancora di mantenere intatta la propria sfera privata rifugiandosi in sistemi come le *cryptocurrencies*.

Le transazioni bitcoin, checché se ne dica, vengono anch'esse registrate in modo permanente ed immutabile su un libro mastro. A differenza di una banca, però, il *database* del protocollo Bitcoin è pubblico, parzialmente anonimo, distribuito ed accessibile da chiunque in qualsiasi parte del mondo e *in omnem vitam*. Inoltre, ogni persona che decide di utilizzare il *client*[59] Bitcoin, scarica una copia completa del registro delle transazioni, dalla prima all'ultima. Rispetto alla banca, dunque, non esiste un solo *server*[60] specifico ove trovare tutti i dati sensibili dei diversi soggetti. Questo comporta quindi maggiore sicurezza

---

[59] Un client (in lingua italiana detto anche cliente), in informatica, indica genericamente un qualunque componente che accede ai servizi o alle risorse di un'altra componente detta server. In questo contesto si può quindi parlare di client riferendosi all'hardware oppure al software. Esso fa parte dunque dell'architettura logica di rete detta Client-Server.

[60] Un server (dall'inglese (to) serve «servire», dunque letteralmente «serviente, servitore») in informatica e telecomunicazioni è un componente o sottosistema informatico di elaborazione e gestione del traffico di informazioni che fornisce, a livello logico e fisico, un qualunque tipo di servizio ad altre componenti (tipicamente chiamate clients, cioè clienti) che ne fanno richiesta attraverso una rete di computer, all'interno di un sistema informatico o anche direttamente in locale su un computer.

da possibili attacchi criminali in quanto, per creare danni al sistema Bitcoin, occorrerebbe attaccare ogni singola persona che disponga del *client*. Parliamo di numeri talmente grandi da scoraggiare anche il più abile *hacker*[61] della storia.

Riserva di valore. L'euro, a riguardo, non è certo un esempio di eccellenza. In parole semplici, è più che sufficiente fare un confronto con quanto si poteva acquistare negli anni '80 con 500.000 lire rispetto ad oggi con 250 euro. Nel caso specifico osserviamo come nel lungo periodo il potere di acquisto sia diminuito vertiginosamente. Il bitcoin, d'altro canto, risulta solo in parte essere una valida riserva di valore. I motivi che lo vedono, al momento, come una discutibile riserva di valore, vanno ricercati sui mercati finanziari. Il prezzo del bitcoin, infatti, è dato solo ed esclusivamente dal mercato. Risulta, al momento, essere un *asset* altamente speculativo. Basti pensare che in un range di cinquantadue settimane il suo valore è passato da circa 1689 dollari ad un massimo, dicembre 2017, di 19345 dollari.

---

[61] L'hacker, in informatica, è un esperto di sistemi informatici e di sicurezza informatica in grado di introdursi in reti informatiche protette e in generale di acquisire un'approfondita conoscenza del sistema sul quale interviene, per poi essere in grado di accedervi o adattarlo alle proprie esigenze.

A differenza della valuta a corso forzoso, però, ha un motivo in particolare per rendere valida l'ipotesi che lo configura come valida riserva di valore. Le valute legali sono particolarmente esposte all'inflazione. L'esempio esposto poche righe più su, riguardo la perdita di potere di acquisto nel lungo periodo, spiega in maniera semplicistica questa teoria. Il valore dell'euro o della sterlina o del dollaro, tanto per citarne alcuni, tende a diminuire per ragioni inflazionistiche con il passare del tempo in relazione alla quantità di moneta che viene immessa nel mercato e al rapporto tra questo fattore quantitativo rispetto alla ricchezza reale prodotta sotto forma di beni e servizi. Il bitcoin, però, è decentralizzato. Non esiste una specie di banca centrale atta ad immettere moneta o a far rispettare paradigmi frutto di politiche monetaria espansive o restrittive. Il bitcoin, oltretutto, non è soggetto in alcun modo all'inflazione. Il quantitativo massimo di bitcoin è prefissato a 21 milioni. Inoltre, si segnala che il valore appena indicato potrebbe anche risultare inferiore se si decidesse di prendere in considerazioni i bitcoin persi o comunque fuori dal mercato, cioè quelli posseduti da investitori cassettisti[62]. Ulteriore considerazione. Il bitcoin tende ad apprezzarsi nel lungo periodo. I blocchi contenenti le transazioni sulla *blockchain*, una

---

[62] In ambito finanziario, il cassettista è colui che compra titoli a lunga scadenza, senza finalità speculative

volta verificati e convalidati, generano nuovi bitcoin come forma di ricompensa verso coloro che hanno appunto fornito potenza computazionale. Dal momento che le macchine in questione consumano una quantità elevata di energia elettrica, è necessario che il bitcoin continui ad apprezzarsi proprio per mantenere conveniente l'attività di estrazione. Ad ogni modo, il processo di *mining* verrà meglio spiegato nel capitolo 2.6. Possiamo quindi affermare che il bitcoin si pone, come per le valute, sotto il sistema monetario *gold standard,* inelastico alla domanda e con spinte deflazionistiche piuttosto che inflazionistiche.

Unità di conto. Se la forte speculazione sul bitcoin gioca un ruolo decisivo riguardo la funzione di riserva di valore, la stessa pesa al medesimo modo in relazione alla funzione di unità di conto. Le forti spinte che subisce quasi quotidianamente il bitcoin sul mercato lo rendono particolarmente non idoneo ad espletare questo "compito". Facendo un esempio concreto, è possibile notare come per un commerciante possa rendersi complicato accettare una valuta capace di apprezzarsi o deprezzarsi nel giro anche di una sola ora. È ovvio, dunque, raggiungere prima di tutto una sorta di stabilità dei prezzi al fine di renderlo davvero competitivo rispetto alle valute *Fiat.* Servizi commerciali atti ad offrire implementazioni del protocollo online e offline come *Bitpay*[63], *Coingate*[64], ecc., risolvono in parte il problema apprezzamento o deprezzamento. Infatti, i loro sistemi permettono al commerciante di ricevere pagamento tramite criptovaluta e, nel giro di pochi secondi, cambiarli automaticamente in valuta legale. Inoltre, sarebbe necessario un sempre maggiore utilizzo da parte delle persone. Dare modo di pagare sempre più servizi tramite bitcoin o, ad esempio, poter pagare i propri fornitori o dipendenti tramite crittovaluta, senza avere quindi l'obbligo di cambiarli in euro.

Altra considerazione da fare rispetto alle valute legali si colloca in ambito sicurezza. Ogni qualvolta decidiamo di acquistare un bene o un servizio online o offline tramite forme di denaro digitale *card-based*, e cioè tramite carte di credito o di debito, inseriamo in rete tutti i dati sensibili della carta utilizzata come il numero di carta, data di scadenza, cvc/cvv. Il problema risiede proprio nel fatto che gli istituti finanziari sono spesso presi di mira da attacchi cybercriminali. È bene ricordare, per l'appunto, l'attacco compiuto nel 2017 ai danni di Unicredit, rubando dati sensibili di oltre 400.000 clienti[65]. È notizia di tutti i giorni, inoltre, il

---

[63] https://bitpay.com/

[64] https://coingate.com/

[65]https://www.corrierecomunicazioni.it/cyber-security/maxi-attacco-hacker-a-unicredit-rubati-i-dati-di-400mila-clienti/

fenomeno del *phishing*[66]. Come riporta Chiara Lanari su Investireoggi, in un articolo di aprile 2018, è in corso una vera e proprio ondata di truffe a carico dei clienti di Intesa San Paolo, Poste Italiane, Unicredit (Lanari 2018). Inoltre, l'aspetto più preoccupante riguardo l'inefficenza difensiva strutturale dei diversi istituti finanziari. Andrea Daniele Signorelli, giornalista, scrive: "... *il Security Payment Report di Verizon, che analizza l'aderenza delle aziende che utilizzano le carte di credito ai requisiti di sicurezza necessari per proteggere i clienti dai furti...nel 2016, solo il 55,4% delle organizzazioni, prese in considerazione a livello globale, ha rispettato tutti i requisiti richiesti (comunque in crescita rispetto al 48,4% dell'anno precedente)*" (Signorelli 2017). In pratica quasi la metà degli istituti presi in esame non rispetta le dovute misure di sicurezza.

Con il sistema bitcoin nessuno può rubare alcun dato sensibile per il semplice fatto che il protocollo Bitcoin non necessita di alcun dato sensibile per eseguire un pagamento.

Altro punto di discussione è senza dubbio quello che vede la mancanza di strumenti o soggetti atti a

---

[66] Il phishing è un tipo di truffa effettuata su Internet attraverso la quale un malintenzionato cerca di ingannare la vittima convincendola a fornire informazioni personali, dati finanziari o codici di accesso, fingendosi un ente affidabile in una comunicazione digitale

risolvere situazioni di controversie. Infatti, come già indicato nel primo capitolo, le transazioni bitcoin sono irrevocabili e incontestualizzabili. Nel sistema monetario standard, come sappiamo, l'utente è tutelato nella quasi totalità dei casi. Potremmo quasi paragonare il bitcoin al contante. Una volta perso o una volta pagato un bene o servizio, non è possibile rientrare in possesso della cifra spesa, salvo diverse volontà della controparte.

Concludendo, altro fattore che viene meno nel mondo delle crittovalute è quello di un sistema di credito. Rispetto alle valute standard, infatti, non esiste, per il momento, un'istituzione con il fine di emettere prestiti o finanziamenti o linee di credito in bitcoin. Il motivo è molto semplice. Il numero massimo di bitcoin è noto a tutti, non è possibile crearne uno di più. Tutti i bitcoin "vivono" nella *blockchain,* li possono essere usati, li possono essere distrutti, li possono essere custoditi ecc. Rispetto ad una banca centrale, la quale può liberamente o meno decidere di stampare moneta, il sistema non è libero di creare "moneta" a piacimento. Uno strumento non convenzionale, come le quantitative *easing*[67], per rendere meglio il concetto, sarebbe inapplicabile.

---

[67] Con alleggerimento o allentamento quantitativo, o anche facilitazione quantitativa, sovente con la locuzione inglese quantitative easing (o QE), si designa una delle modalità non convenzionali con cui una banca centrale

2.4 Elementi fondamentali del Bitcoin

Fino ad ora si è cercato di illustrare cosa siano le cryptovalute, come queste si differenziano dalla valuta legale, quali sono le loro peculiarità ecc. Le domande sorgono spontanee a questo punto. Ma in pratica, come funzionano questi bitcoin? Come, nella realtà di tutti i giorni, si possono usare queste criptovalute? Infine, in che modo è possibile acquisire dei bitcoin dal momento che non esiste una sorta di banca centrale?

Al giorno d'oggi, quando decidiamo di inviare denaro o semplicemente scegliamo di concludere un acquisto online, la procedura standard ci richiede una sorta di autenticazione al server della nostra banca in modo da autorizzare il pagamento.

Per utilizzare le valute a corso legale occorre disporre di un conto corrente presso un istituto bancario con i relativi strumenti di utilizzo. Questi possono essere configurati come carte di debito, carte di credito o servizi di online banking. Per la questione bitcoin, invece, non esistendo alcuna banca atta ad emettere la moneta e non esistendo quindi "conti correnti" ove depositare bitcoin, troviamo elementi come il *wallet, la public key, la private key.* Prima di analizzarli, però, bisogna illustrare il procedimento

interviene sul sistema finanziario ed economico di un paese, per aumentare la moneta in circolazione mediante il quale si può acquisire criptovaluta. A riguardo, troviamo il *mining,* compravendita di beni e servizi, *exchange* online, *exchange offline, dealer o* metodi *"face to face".* Tralasciamo per un attimo il *mining* in quanto verrà illustrato singolarmente, data la sua centralità all'interno dell'intero sistema delle *cryptocurrencies.*

- **Compravendita di beni e servizi**: Probabilmente il processo per eccellenza per acquisire moneta, sia essa a corso legale o virtuale. Come per l'economia "reale", anche per le crittovalute vale la medesima regola. Nel corso di questi ultimi anni, infatti, il numero di esercizi commerciali, online e offline, che ha deciso di sposare la tecnologia Bitcoin è aumentato notevolmente. I motivi per cui si decide di implementare tale tecnologia nella propria attività commerciale risultano essere diversi. C'è chi lo fa perché conscio delle potenzialità del progetto e di conseguenza vuole contribuire alla causa. Troviamo chi, per via della forte speculazione finanziaria sul bitcoin, decide di accettare la criptovaluta con ottica di rivalutazione del capitale prodotto. Il *trading* sul bitcoin ha mostrato come quest'ultimo possa subire oscillazioni non di poco conto. Nel dicembre 2017, quando il bitcoin toccò il massimo storico di quasi 20.000$, in soli due giorni guadagnò circa 4000$[68]. La motivazione di scegliere tale moneta per trarre il doppio del profitto da una singola vendita, quindi, appare veramente decisiva. Non dimentichiamo, però, che il bitcoin ci ha anche regalato profonde svalutazioni. Quando raggiunse il massimo storico, infatti, nelle successive due settimane perse oltre 7000$[69]. A tutela di ciò, i servizi che permettono l'implementazione della tecnologia in ambito commerciale, offrono un servizio di cambio in valuta a corso legale. In questo modo, il commerciante non deve preoccuparsi delle oscillazioni di mercato in quanto, al momento dell'incasso della crittovaluta, quest'ultima viene automaticamente cambiata in euro, dollari, sterlina o qualsiasi altra valuta a corso forzoso. Infine, data la crescita assolutamente esponenziale dell'utilizzo del bitcoin, c'è chi opta per l'adozione di esso al solo fine di attrarre una nuova fetta di mercato. Potremmo definirla quasi come una strategia di marketing.

---

[68]https://www.ilsole24ore.com/art/finanza-e-mercati/2017-12-07/bitcoin-briglia-sciolta-supera-19000-dollari-175909.shtml?uuid=AEvC1wOD&refresh_ce=1
[69] https://it.investing.com/indices/investing.com-btc-usd

- *Exchange online*: Se non si può acquisire moneta tramite la compravendita di beni e servizi non resta che acquistarla. Più precisamente, come nel mercato delle valute, si acquista bitcoin, o altre *cryptocurrencies,* in cambio di valuta legale. Gli Exchangers sono delle piattaforme ove è possibile concludere questo tipo di operazione. Funzionano come dei veri e propri centri di cambio valuta. La procedura di acquisto e vendita è davvero molto semplice. Una volta creato l'account, basterà semplicemente depositare il denaro tramite carta di credito o tramite bonifico bancario e, una volta accreditati, acquistare la criptovaluta desiderata. Gli Exchangers, inoltre, sono un tassello importante per quanto riguarda il discorso "anonimia". Tali "operatori" sono obbligati per legge a richiedere la documentazione necessaria a verificare l'identità dell'acquirente. Appare quasi ovvio, quindi, comprendere che il bitcoin, a dispetto di quel che si crede, non è completamente anonimo. La raccolta dei documenti comprovanti l'identità dell'acquirente sono necessari soprattutto ai fini di antiriciclaggio, finanziamento al terrorismo, evasione fiscale. Tra i più famosi Exchange troviamo senza dubbio *Coinbase[70]*, *Kraken[71]*, *Bitstamp[72]*. Non esistendo un mercato ufficiale la quotazione del bitcoin e delle altre crittovalute sarà leggermente diverso da piattaforma a piattaforma, anche se il valore tenderà sempre alla convergenza come conseguenza naturale dell'attività dei *arbitrage[73] traders*.

- *Exchange offline*: Tale tipologia di servizio si configura, a livello di funzionamento, come quelli online. L'unica differenza, però, è quella che li vede fuori dalla rete, con una loro struttura vera e propria. Il soggetto intenzionato ad acquistare o vendere bitcoin, quindi, può recarsi presso dei veri e propri ATM, inserire i propri documenti di riconoscimento al fine di verificare l'identità e decidere se vendere o acquisire moneta virtuale. In caso di acquisto,

---

[70] https://www.coinbase.com/

[71] https://www.kraken.com/

[72] https://www.bitstamp.net/

[73] In economia e in finanza, un arbitraggio è un'operazione che consiste nell'acquistare un bene o un'attività finanziaria su un mercato rivendendolo su un altro mercato, sfruttando le differenze di prezzo al fine di ottenere un profitto. L'operazione è possibile se il ricavo che si ottiene supera i costi per il trasferimento del bene trattato da un mercato all'altro. L'intera operazione deve essere senza alcun rischio per l'operatore.

inserirà il denaro necessario all'acquisto; viceversa, in caso di vendita, invierà dal proprio *wallet* la quantità di bitcoin che desidera rivendere per ritirare, a conclusione dell'operazione, denaro contante. Ad aprire 2018 si contano 23 Atm sparsi sul territorio nazionale, da nord a sud.[74] Sicuramente una valida e sicura alternativa per acquistare o vendere bitcoin al di fuori della rete.

- *Dealer*: Per i più svariati motivi, seri o meno seri, la possibilità di acquistare crittovaluta su piattaforme ufficiali e regolamentate potrebbe non soddisfare determinate tipologie di persone. Come detto poche righe più su, gli Exchangers sono obbligati per legge a raccogliere tutta la documentazione dei propri clienti. Viene meno, ovviamente, la caratteristica dell'anonimato. Per certi individui, però, questo potrebbe rappresentare un gran problema. Ad esempio, un soggetto *A* che decide di riciclare una determinata somma di denaro poco lecita, non può minimamente concludere tale operazione alla luce del sole. Lasciare i propri documenti risulterebbe

---

[74] https://coinatmradar.com/country/105/bitcoin-atm-italy/

alquanto controproducente, per usare un eufemismo. Purtroppo, nonostante il bitcoin non nasca con finalità legate al terrorismo o all'evasione o a qualsiasi altra attività illecita, la presenza di persone che ne fanno un utilizzo poco lecito è assai alta. I dealer, quindi, sono persone che acquistano bitcoin, o qualsiasi altra criptovaluta e la rivendono senza chiedere alcun tipo di documento. Ovviamente il servizio presenta commissioni maggiori rispetto alle soluzioni presentate precedentemente. Spesso e volentieri, inoltre, i dealer accettano forme di pagamento poco tracciabili. Ulteriore rischio a cui si potrebbe andare incontro è quello della buona fede della controparte. Il rischio di essere truffati, in questo specifico settore, è davvero molto elevato.

- *Face to Face*: Ulteriore modalità di approvvigionamento del bitcoin è senza dubbio quella di concludere direttamente di persona. La maggior parte dei servizi esistenti riguardo lo *storage* dei Btc permette, infatti, la possibilità di avere il cosiddetto *wallet*, portafoglio, direttamente nello smartphone tramite *app*. Una tra le piattaforme più famose del mondo per svolgere questo tipo di operazione,

LocalBitcoins[75] , permette infatti di cercare direttamente da smartphone o pc un altro soggetto nella nostra città con cui concludere la compravendita. Le commissioni e i metodi di pagamento, in questo caso, vengono decisi dal venditore. Quasi come con i *dealer,* anche questa tipologia di scambio è quasi del tutto anonima. Non c'è alcuna richiesta di documentazione né dalla piattaforma *LocalBitcoins* né tantomeno dal venditore. Rispetto agli Exchange online, *LocalBitcoins,* risulta essere solamente una piattaforma ove poter cercare possibili venditori e compratori in qualsiasi città del mondo.

Prima di illustrare gli elementi principali del bitcoin era necessario spiegare le modalità di acquisizione dello stesso. Risulta doveroso, inoltre, attingere nuovamente sui principi di crittografia per meglio comprendere i concetti di *public key* e *private key.* Come è stato già detto, la crittografia ci permette di preservare la riservatezza delle informazioni in modo da evitare possibili intercettazioni da soggetti non autorizzati. L'algoritmo di cifratura, di cui si è parlato nel paragrafo due, ci indica invece il processo mediante il quale il testo in chiaro è stato cifrato. Per decifrare il

---

[75] https://localbitcoins.com/it/

messaggio, però, non basta solo conoscere l'algoritmo di cifratura utilizzato ma anche la chiave. Potremmo indicare la chiave come una specie di password. Nella crittografia simmetrica la chiave per cifrare e decifrare il testo risulta essere la stessa. In questo caso appare ovvio come la chiave debba rimanere segreta fra il mittente e il destinatario. Inoltre, cosa non di poco conto, è necessario in qualche modo accordarsi tra le due parti per capire come condividere la suddetta chiave. Nella crittografia asimmetrica, o a chiave pubblica, il problema viene facilmente risolto con l'utilizzo di due chiavi, una pubblica e una privata. In questo caso, quindi, entrambi i soggetti possederanno due chiavi ciascuno; quella pubblica verrà utilizzata per comunicare mentre quella privata resterà segreta per decriptare il messaggio. Si userà quindi la chiave pubblica del destinatario per cifrare il messaggio in modo che solo lui, tramite la sua chiave privata, potrà decriptare il messaggio. Chiusa questa breve ma doverosa illustrazione della crittografia simmetrica e asimmetrica sarà possibile capire gli elementi fondamentali del bitcoin.

- **Wallet**: Il bitcoin non esiste fisicamente, questo ormai dovrebbe essere chiaro. Si possono trovare monete rappresentative, forme di allocazione fisica ma per rendere bene il concetto, non esiste la moneta da 2 bitcoin o la banconota da 10 bitcoin. Il bitcoin si detiene nei cosiddetti *wallet* o, in italiano, portafoglio. Senza di essi sarebbe impossibile ricevere o inviare criptovaluta. Si potrebbe dire che il *wallet* svolge la medesima funzione del conto corrente, una sorta di interfaccia del sistema bitcoin. In verità, come ben sappiamo, deteniamo non il bitcoin in quanto tale ma il diritto di proprietà di quella somma di btc nella rete Bitcoin. Quindi il *wallet* contiene le nostre chiavi, private e pubbliche, per accedere e disporre di quanto è in nostro possesso. I portafogli possono presentarsi in diverse "forme". Piattaforme già nominate come *Coinbase, Bitstamp,* ecc., provvedono a fornire un *wallet* non appena si apre un account presso di loro. Il problema riguardante questa opzione, però, è da ritrovare nei continui attacchi che soggetti criminali attuano al fine di rubare la moneta. Ricordiamo, come indicato ad inizio capitolo, il caso Mt.Gox. Nell'annata 2013-2014 la piattaforma in questione gestiva circa il 70% delle transazioni in btc e si ritrovò a dichiarare bancarotta per via del furto di circa 650.000 bitcoin (Ore 2018). È da segnalare, però, che nel corso di questi anni le diverse piattaforme hanno utilizzato e tuttora utilizzano misure di sicurezza all'avanguardia. Ad esempio,

Coinbase, probabilmente il leader mondiale come piattaforma di *exchange*, permette il trasferimento della somma di btc in contesti offline, fuori dalla rete, proprio per evitare furti o attacchi di vario genere. Esistono, infatti, i cosiddetti *hardware wallet,* ovvero specifici dispositivi elettronici con il solo fine di possedere gli elementi sensibili al di fuori della rete. Sono grandi come delle penne usb e offrono un grado di sicurezza senza dubbio elevato. Si è paragonato il *wallet* al conto bancario e allo stesso modo si può paragonare l'*hardware wallet* al caveau di una banca. In conclusione, i *wallet* online sono spesso gratis, senza alcuna spesa di apertura o chiusura o costi di commissione. I *wallet hardware* invece sono a pagamento in quanto, si ricorda, sono dispositivi elettronici.

- **Indirizzo**: Ogni persona che decide di entrare nel sistema deve dunque adoperarsi di un *wallet* in modo tale da rendersi operativo nel trasferire e ricevere criptovaluta. Come già esposto sopra, nel contesto bitcoin parliamo di crittografia asimmetrica. Ciò vuol dire, si ricorda, che il soggetto possiede due chiavi, una pubblica ed una privata per decriptare e criptare. Nella fattispecie, la chiave pubblica coincide con l'indirizzo pubblico del portafoglio. Si potrebbe identificare l'indirizzo del *wallet* come una sorta di *iban* di un conto corrente. La differenza tra i due, però, risiede nel fatto che è possibile generare molteplici indirizzi pubblici o semplicemente generarne uno, utilizzarlo per un trasferimento e successivamente eliminarlo per poi crearne un altro. Tutto ciò a costo zero. L'indirizzo pubblico, inoltre, non contiene minimamente informazioni sensibili del legittimo proprietario e, di conseguenza, è parzialmente anonimo. Piccola precisazione. Nel momento in cui decidiamo di adoperare un *web wallet,* quindi usufruire del servizio di portafoglio offerto dagli exchange per esempio, non entreremo direttamente in possesso delle nostre chiavi. La piattaforma, infatti, ci offre la possibilità di avere un "conto" presso di loro presso il quale è possibile ricevere criptomoneta. Si potrebbe quasi definire una sorta di conto corrente, dove appunto è la banca, nel nostro caso exchange, a custodire il nostro patrimonio. È anche vero, però, che a differenza della banca, non esistono tutele o fondi di garanzia per gli exchange. Questo vuol dire che l'Exchange, se dovesse dichiarare bancarotta o volesse semplicemente chiudere e scappare, noi non potremo rivolgerci a nessuno per avere indietro quanto perso. Per meglio rendere l'idea delle chiavi si potrebbe paragonare la chiave pubblica ad un lucchetto e la chiave privata alla chiave, appunto, che serve per aprirlo. Non potendo fornire la chiave pubblica così com'è in quanto risulterebbe difficoltosa da ricordare, è prassi comune "trasformare" tale dato nel cosiddetto *address* o indirizzo. Un indirizzo bitcoin è composto da un numero di cifre variabile tra un minimo di ventisei ed un massimo di trentadue. Non tutti gli indirizzi corrispondono ad una chiave pubblica; nel caso in cui un *address* inizi con il carattere 1, allora è riconducibile ad una chiave pubblica.

Ad esempio:

Chiave pubblica:

092rtg458ed12d53278rgv45ds2nj45ik12nh158y
tt685jkjp328tr474hgq6894
125tbx46fg52nh32ff5342254gfdegf525gs17gefg
48hgeer5648ggre52qbg

Address:

gd 16qViLJfdGaP4EeHnDyJbEGQysnCpwn1

Appare evidente come possa risultare impossibile memorizzare la chiave pubblica. D'altro canto, è anche vero, che nessuno memorizza l'indirizzo di portafoglio per il semplice fatto che non serve. In caso di trasferimento di bitcoin da computer o smartphone tramite applicazione, o si usa il classico "copia e incolla" o semplicemente si usa il *Qr code*[76].

- **Chiave privata**: Essa rappresenta l'unico lasciapassare per accedere, usare, recuperare i nostri bitcoin o altre criptovalute. La chiave privata è un elemento fondamentale all'interno del sistema ed infatti, rispetto a quella pubblica, non va assolutamente condivisa con nessuno. Tramite essa un malintenzionato potrebbe tranquillamente recuperare la porzione di bitcoin in nostro possesso. Sarebbe come cedere

---

[76] Un codice QR è un codice a barre bidimensionale, ossia a matrice, composto da moduli neri disposti all'interno di uno schema bianco di forma quadrata. Viene impiegato per memorizzare informazioni generalmente destinate a essere lette tramite uno smartphone.

il pin del bancomat ad uno sconosciuto. Il discorso, però, è sempre lo stesso. Nel caso della carta di debito, la si blocca, si fa la denuncia e in qualche modo si recuperano i fondi persi. Nel contesto *cryptocurrencies* non si può contattare nessuno per bloccare il trasferimento. Inoltre, non bisogna dimenticare che le transazioni in criptovaluta non sono revocabili. Da un punto di vista tecnico, la chiave privata è generata assieme a quella pubblica al momento della creazione del *wallet*. Analizzandola in chiave esadecimale essa può contenere sessantaquattro caratteri alfanumerici.

Ad ogni modo, l'utente che decide di trasferire criptovaluta, avrà modo di interfacciarsi solamente con due dati: indirizzo del portafoglio del destinatario e importo da inviare. Tutto il resto verrà gestito automaticamente dal *client*, nel caso di *wallet* salvato in locale nel computer o da una piattaforma online, nel caso di *web wallet* o simili.

2.5 Come avviene una transazione monetaria tramite bitcoin

Nei diversi sistemi di pagamento digitale, come ad esempio l'*online banking*, l'utente che si interfaccia con il sistema viene autenticato tramite la coppia *username* e *password*. L'affidabilità delle transazioni è quindi in mano ad un ente centrale capace di controllare i dati ma soprattutto verificare se l'utente in questione abbia abbastanza disponibilità monetaria per effettuare il trasferimento. La validità e la correttezza delle transazioni è rimessa nelle mani di un terzo soggetto. Quello che il protocollo Bitcoin ha cercato di risolvere è proprio questo. Garantire la correttezza e la validità delle transazioni senza il bisogno di ricorrere ad un terzo soggetto. Il discorso assume dimensioni notevolmente più grande se applicato in un contesto *online*. Si ricorda infatti che il denaro assume vesti di stringhe di codice nella rete. Quando si parla di transazione in bitcoin si indica il processo mediante il quale il soggetto A, tramite il suo *wallet* e la sua chiave privata, autorizza il trasferimento del diritto di proprietà di una n somma di bitcoin a favore del soggetto B. Praticamente trasferire bitcoin significa «*signing a transaction that transfers value from a previous transaction over to a new owner identified by a bitcoin address*» (Antonopoulos 2014).

Avendo spiegato i concetti di *wallet,* chiavi private e pubbliche, è possibile capire come, nella pratica, funziona una transazione bitcoin. Nonostante si sia parlato di crittografia, codici, chiavi e quant'altro, il trasferimento in criptovaluta risulta essere davvero semplice.

Ipotizziamo due soggetti, Marco e Maria. Marco, possiede un totale di cinque bitcoin e decide di regalare un bitcoin a Maria. Il primo passo per Marco sarà quello di accedere al suo portafoglio. In caso di *client* ufficiale esso si troverà sul suo computer; viceversa, in caso abbia aperto un conto presso piattaforma online, *Coinbase,* dovrà accedere autenticandosi con il suo *username* e la sua *password.* In entrambe le situazioni Marco dovrà semplicemente fare una cosa. Inserire l'*address* del portafoglio di Maria, digitare l'importo da inviare ed infine confermare l'operazione. Non appena Marco confermerà di voler inviare un bitcoin a Maria, quest'ultima visualizzerà in tempo reale la transazione nel suo portafoglio. Il trasferimento, però, non è ancora completato e Maria non può ancora disporre di quei fondi. La transazione, infatti, va verificata e convalidata dalla rete. Nel sottostante di questa operazione apparentemente semplice, i *miners* fanno il lavoro "sporco". Questo punto lo si vedrà meglio nel paragrafo successivo.

Nello specifico, Marco, nel momento in cui decide di inviare quel diritto di proprietà su un bitcoin a Maria, tramite la sua chiave privata firma digitalmente la transazione inserendo nel messaggio da crittografare l'indirizzo del portafoglio di Maria e l'importo da trasferire. Una volta che la transazione viene confermata da Marco, questa viene inserita in rete per aggiungerla al primo blocco disponibile nella *blockchain* (vedi capitolo terzo). I *miners,* coloro che forniscono l'energia necessaria a mantenere operativo il sistema, avranno tutto l'interesse di inserire il prima possibile la transazione di Marco in modo da ricevere le commissioni di servizio.

Ovviamente il processo di creazioni chiavi, firma, decriptazione, sono svolte in automatico dal *software* che si utilizza. Ogni volta che decidiamo di creare un nuovo indirizzo portafoglio, infatti, il *software online* elaborerà la creazione della chiave pubblica e privata in assoluta autonomia essendo lo stesso un processo matematico.

Altro dettaglio non di poco conto riguarda la possibilità per Maria, Marco e chiunque altro lo desideri, di analizzare il trasferimento in tutte le sue fasi, visualizzare in tempo reale le firme che vengono apportate come segno di convalida ed inoltre è possibile anche vedere quanti bitcoin sono entrati ed usciti da quell'indirizzo di portafoglio. Il libro mastro chiamato *blockchain* registra di fatto tutte le transazioni che sono avvenute nel corso degli anni fino a quelle che verranno. Questo punto è fondamentale per comprendere il concetto di anonimato della criptovaluta. Nonostante sia opinione diffusa, il bitcoin è parzialmente anonimo per un semplice fatto: il registro delle transazioni è pubblico, visualizzabile da chiunque e da dovunque e in qualsiasi arco temporale.

Ritornando al discorso della convalida delle transazioni è interessante illustrare in modo pratico come effettivamente avviene questa verifica vista la mancanza della "banca" atta a controllare l'effettiva legittimità del trasferimento. In termini molto semplici si potrebbe affermare che le transazioni, una volta inserite nella rete, devono prima essere approvate per poi essere raggruppate nei blocchi insieme a tutte le altre transazioni già convalidate. Per superare quella verifica, l'algoritmo *Proof of Work*, prova di lavoro per l'appunto, sta alla base dell'intero sistema. Immaginiamo complessi problemi matematici che necessitano solo ed esclusivamente di una soluzione. I *miners,* grazie alla potenza di calcolo dei terminali in loro possesso, eseguono questi calcoli con il fine di trovare la soluzione il prima possibile, aggiungere dunque la transazione nel blocco e ricevere la ricompensa per il lavoro svolto. Se dovessimo spiegare questi problemi matematici, potremmo dire di trovarci di fronte ad enigmi talmente complessi che solo una elevata potenza computazionale potrebbe risolvere. La difficoltà, ovviamente, deve essere ben calibrata per una semplice ragione. In caso di difficoltà troppo elevata le macchine impiegherebbero più tempo a verificare le transazioni e ciò comporterebbe quindi un rallentamento dell'intera catena di lavoro, se non addirittura una fase di stallo. Viceversa, se il problema matematico fosse troppo semplice, la rete diventerebbe oggetto di continui attacchi esterni mirati a rubare criptomoneta. Attualmente (maggio 2018), il tempo di convalida di un blocco si attesta sui 10-15 minuti e circa 220.000 transazioni al giorno[77].

In conclusione. l'algoritmo *Proof of Work risulta* necessario a garantire un corretto funzionamento della rete, a salvaguardare gli utenti e i loro patrimoni ma soprattutto a limitare tutti quei possibili attacchi *ddos*[78] dall'esterno.

---

[77] https://blockchain.info/it/charts

[78] La locuzione Denial of Service (in italiano letteralmente negazione del servizio abbreviato in DoS) nel campo della sicurezza informatica indica un malfunzionamento dovuto ad un attacco informatico in cui si fanno esaurire deliberatamente le risorse di un sistema informatico che fornisce un servizio ai client, ad esempio un sito web su un web server, fino a renderlo non più in grado di erogare il servizio ai client richiedenti. Un attacco DoS o DDoS è analogo a un gruppo di persone che affollano la porta d'ingresso o il cancello di un negozio o di un'azienda, e non consentendo alle parti legittime di entrare nel negozio o nel business, interrompendo le normali operazioni.

2.6 Il mining

Uno dei pilastri dell'intero sistema delle *cryptocurrencies* è senza dubbio il *mining*. Nel paragrafo precedente si è illustrato il processo di convalida di una transazione monetaria in bitcoin e si è messo in evidenza il ruolo cardine che giocano i *miners*, ovvero colore che decidono di contribuire alla rete tramite macchine computazionali estremamente potenti. Il lavoro viene svolto in totale autonomia da questi specifici dispositivi, ventiquattro ore al giorno e sette giorni su sette. Questo sistema è necessario alla sopravvivenza dell'intero sistema.

Il *mining* nello specifico risulta essere essenziale principalmente per due motivi. Creazione di moneta e corretto svolgimento delle centinaia di migliaia di transazioni ogni giorno. La moneta bitcoin, come si è analizzato nel paragrafo due e tre, tende alla deflazione nel lungo periodo. Il motivo è semplice. Il numero totale di bitcoin è stato fissato al momento della sua nascita alla cifra di 21 milioni. Qui entra in giorno il *mining*.

Nell'analisi di una transazione monetaria in bitcoin si è potuto osservare come i *miners* siano particolarmente propensi ad offrire la propria potenza di calcolo alla rete. Per un *miner,* riuscire a risolvere il prima possibile il complesso enigma matematico posto in essere dai principi crittografici su cui si basa il sistema Bitcoin, significa ricevere sia le commissioni di servizio che pagano gli utenti per le loro transazioni, sia la possibilità di ottenere l'intero *reward* dovuto alla chiusura di un intero blocco di transazioni. Il protocollo Bitcoin prevede, più precisamente, la distribuzione in modo totalmente casuale di nuovi bitcoin all'incirca sei volte ogni ora. La quantità di moneta che viene emessa alla chiusura di un blocco è decisa a priori ed inoltre segue criteri matematici. Inizialmente la ricompensa era pari a 50 bitcoin. Da qui il dimezzamento ogni quattro anni. Più precisamente la riduzione di emissione di moneta avviene ogni 210.000 blocchi. Il 28 novembre 2012 rappresenta il momento in cui avvenne la prima riduzione passando da 50 btc a 25 btc. Questo vuol dire molto semplicemente che l'emissione di nuovi bitcoin segue un criterio decrescente man mano che ci si avvicina alla soglia dei 21 milioni. Appare evidente come alla fine dei giochi i *miners* verranno ripagati solo ed esclusivamente con le commissioni di servizio. È bene sottolineare come la commissione di servizio o *fee* sia un valore puramente libero; ogni utente che decide di effettuare una transazione può liberamente decidere l'importo della stessa. Ovviamente, più sarà alta la *fee,* maggiori saranno le probabilità di ricevere la convalida e quindi l'inserimento nel blocco il prima possibile.

Viceversa, una commissione troppo bassa, minore ad esempio di 0.0001 bitcoin, potrebbe significare un tempo di attesa estremamente lungo sé non addirittura il rigetto della transazione.

Una breve analisi tecnica del processo di *mining*. Se la ricompensa per l'inserimento nella *blockchain* segue un criterio di dimezzamento geometrico, lo stesso non risulta valido se applicato alla difficoltà nel risolvere i famosi enigmi matematici. Agli albori dei tempi l'utente che provvedeva a scaricare nel proprio computer il *client* ufficiale di Bitcoin offriva la più che sufficiente potenza di calcolo generata dalla sola *CPU*[79]. Rispetto alla ricompensa e alla sua riduzione graduale ogni quattro anni, la difficoltà segue un processo inverso; aumenta con il passare del tempo. Si pensi, ad esempio, che oggi con la sola *CPU* di un computer occorrerebbe decine di anni per risolvere e quindi

---

[79] L'unità di elaborazione centrale o processore centrale o più propriamente microprocessore (in sigla μP o uP, con particolare riferimento al chip hardware) è un tipo di processore digitale general purpose che si contraddistingue per sovrintendere a gran parte delle funzionalità del computer digitale basato sull'architettura di von Neumann o sull'architettura Harvard. È detta unità centrale di elaborazione perché coordina in maniera centralizzata tutte le altre unità di elaborazione presenti nelle architetture hardware dei computer di elaborazione delle varie periferiche interne o schede elettroniche (scheda audio, scheda video, scheda di rete)

trascrivere nella *blockchain* un blocco di transazioni. Questo proprio perché la potenza generata dal processore è in tutto e per tutto assolutamente insufficiente. Per illustrare ancor meglio questo concetto della difficoltà della rete, basti pensare che chi decide di "minare" lo fa aggregandosi ad enormi complessi industriali capaci di generare una potenza computazionale senza eguali. Vengono chiamate *mining pool* e qui tutti i partecipanti cedono la loro energia. Risulta essere l'unica soluzione, al momento, per avere un riscontro economico dall'attività di *mining*. Inoltre, altro dettaglio di non poco conto, industrie come la *Bitmaintech* producono da anni ormai macchinari specifici solo per questo tipo di operazione. Macchine estremamente costose sia dal punto di vista del prezzo unitario sia in termini di dispendio energetico. A riguardo è possibile dire che solo il protocollo Bitcoin ha un consumo pari a 67 TWh, quasi quanto l'intera Repubblica Ceca[80]. Il dato che fa più riflettere è senza dubbio l'aumento avvenuto nell'ultimo anno. Si è passati da un consumo energetico di circa 10 TWh nel mese di febbraio 2017 ad appunto 67 TWh a maggio 2018. Il discorso dell'energia elettrica risulta infatti essere uno dei punti più deboli dell'intero sistema proprio perché man mano che la difficoltà

---

[80] https://digiconomist.net/bitcoin-energy-consumption

aumenta, le industrie sono obbligate a produrre macchinari sempre più potenti e conseguentemente a questo più dispendiosi in termini energetici. Di fronte a questi consumi e alla certezza della fine della ricompensa in nuovi bitcoin una volta raggiunti i fatidici 21 milioni, basteranno le sole *fees* ad accontentare i *miner?*

2.7 Bitcoin e applicazione nel settore commerciale

Nel paragrafo quattro sono state illustrate le diverse possibilità grazie alle quali entrare in possesso della moneta virtuale. Tra le varie proposte indicate risultava esserci quella forse più scontata. Offrire beni e servizi in cambio di bitcoin. I motivi dietro questa scelta possono celare diverse ragioni. Tra le più significative sicuramente troviamo quella del marketing, quindi aprirsi ad una nuova clientela che già fa uso di bitcoin.

Rispetto ai pagamenti tradizionali in forma digitale, come ad esempio carte di debito/credito e quindi all'adozione di sistemi specifici (*P.O.S.*), il bitcoin risulta essere più economico, in quanto non ci sono costi di commissioni o canoni di affitto ma, soprattutto, più *user-friendly* in termini di implementazione. D'altro canto, per accettare il bitcoin come forma di pagamento, basta un telefono cellulare.

Non bisogna dimenticare, oltretutto, un tassello fondamentale. Parliamo di un sistema di pagamento basato sulle ferree leggi matematiche e crittografiche. Come ben sappiamo, la matematica non ammette opinioni, non è, e non può essere, oggetto di manipolazioni o essere influenzata. Parliamo di un sistema basato su leggi arbitrarie.

Durante gli ultimi cinque anni l'uso del bitcoin è aumentato in modo vertiginoso[81], sia da un punto di vista prettamente individuale che commerciale. È una tipologia di pagamento globale, ciò vuol dire che è possibile ricevere pagamenti da chiunque nel mondo e soprattutto in qualsiasi arco temporale. La preoccupazione di sapere se un potenziale cliente abbia o meno carte di credito, debito, conti correnti, viene meno. Oltretutto il commerciante si solleva da tutte quelle responsabilità derivanti dalla gestione dei dati sensibili dei propri clienti. Per non parlare, infine, della sicurezza per l'esercente nel difendersi da eventuali frodi, *chargeback* non legittimi, ecc.

In Italia, numeri alla mano, si contano attualmente 122 esercenti che accettano pagamenti in bitcoin nella sola Lombardia, seguono subito dopo Trentino-Alto-Adige e Veneto con rispettivamente 80 e 79 esercizi commerciali. Per la tipologia di attività

---

[81]

https://trends.google.com/trends/explore?date=today%205-y&q=%2Fm%2F05p0rrx

commerciali troviamo invece il 31.40% in negozi, 28.80% in servizi e il 12.59% nel settore del turismo[82].

Un altro settore che potrebbe beneficiare del protocollo Bitcoin è senza dubbio quello del No Profit. La trasparenza offerta dalla *blockchain* permetterebbe finalmente a tutti i donatori di verificare in qualsiasi momento l'effettiva movimentazione di denaro. Aspetto, questo, troppo trascurato. Basterebbe rendere pubblico l'indirizzo di portafoglio e rendere quindi visibile e verificabile a tutti i donatori le destinazioni di quei fondi.

Ci sono, infine, piattaforme di intermediazione che permettono l'implementazione del servizio coprendo l'esercente da qualsiasi forma di volatilità della moneta. Servizi come *Bitpay*[83], tra i più utilizzati sicuramente, effettua un cambio praticamente immediato in valuta legale nello stesso momento in cui si ricevono bitcoin.

Nella rete, siti di e-commerce che hanno deciso di accettare criptovaluta sono a migliaia in tutto il mondo. Si va dal settore del turismo a quello dell'informatica passando per l'abbigliamento, servizi, artigianato, ristorazione, buoni spesa, servizi pubblicitari ecc.[84]

---

[82] https://www.quibitcoin.it/statistiche

[83] https://bitpay.com/

[84] https://www.spenderecriptovalute.com/

Non bisogna trascurare un importante aspetto riguardo l'adozione *mainstream* della *cryptocurrency*. Per un'attività commerciale, negozio, bar o qualsiasi altra cosa, il tempo di attesa della convalida di una transazione potrebbe essere un problema. Appare evidente come possa risultare poco praticabile dover aspettare insieme al cliente quei 10-15 minuti affinché arrivi la convalida del trasferimento. A riguardo si segnala inoltre la presenza di altre *cryptocurrencies,* come *Ripple*, la cui convalida arriva dopo 3-4 secondi, anche l'adozione di un nuovo protocollo da parte degli sviluppatori Bitcoin con il fine ultimo di rendere praticamente immediate tutte le transazioni.

In conclusione, una maggiore conoscenza ed una sempre più vasta adozione da parte di grandi e-commerce come *Ebay*[85] o *Amazon*[86] potrebbe senza dubbio favorire in positivo l'utilizzo delle criptovalute.

---

[85] Ebay è una piattaforma web (marketplace), di fatto molto simile ad un sito di e-commerce, che offre ai propri utenti la possibilità di vendere e comprare oggetti sia nuovi sia usati, in qualsiasi momento, da qualunque postazione Internet e con diverse modalità, incluse le vendite a prezzo fisso e a prezzo dinamico, comunemente definite come «aste online». Tutte le operazioni sono elaborate dalla piattaforma PayPal.

[86] Amazon.com, Inc. è un'azienda di commercio elettronico statunitense, con sede a Seattle nello stato di Washington; è la più grande Internet company al mondo.

CAPITOLO TERZO

Blockchain, un sistema "trust" per definizione

—

3.1 Cos'è e come funzione la Blockchain

Giunti al capitolo tre sarebbe lecito pensare di aver esplorato quasi totalmente il mondo delle *cryptocurrencies* e di aver compreso come, più o meno, funziona la tecnologia sottostante il bitcoin. La verità invece è tutt'altra. La moneta virtuale, nella fattispecie chiamata criptovaluta, è solo una delle infinite declinazioni della *blockchain*. Stiamo parlando di una tecnologia in grado trasformare ogni aspetto della realtà che noi tutti stiamo vivendo. Dare una definizione puramente tecnica di cosa essa sia non risulterebbe corretto, né tantomeno sufficiente per comprendere le potenzialità di questo strumento, di questa nuova potenziale forma di democrazia. Molto semplicemente qui si parla di una realtà informatica intrinsecamente legata a valori come la trasparenza, la decentralizzazione, la competizione, la condivisione e la sicurezza. Si potrebbero fornire svariate definizioni, o più correttamente, diverse interpretazioni riguardo la *blockchain*. Sarebbe possibile valutarla come un registro dove i dati diventerebbero immutabili e incorruttibili grazie alla crittografia; sarebbe oltretutto possibile analizzarla sotto forma di pubblico registro, aperto a tutti e modificabile solo previo consenso di tutti i partecipanti. È probabile, chiudendo questo piccolo preambolo, parlare di *blockchain* come la nuova Internet, paragonando l'impatto che potrebbe avere a quello avuto con la nascita di Internet, dopo la fusione di *Arpanet*[87] e *Usenet*[88].

Il termine *blockchain* letteralmente significa catena di blocchi. Questa definizione potrebbe essere utile al fine di raffigurare mentalmente questa nuova tecnologia come un grande insieme di blocchi legati

---

[87] ARPANET (acronimo di "Advanced Research Projects Agency NETwork", in italiano "Rete dell'Agenzia per i progetti di ricerca avanzati"), anche scritto ARPAnet o Arpanet, fu una rete di computer studiata e realizzata nel 1969 dal DARPA, l'agenzia del Dipartimento della Difesa degli Stati Uniti responsabile per lo sviluppo di nuove tecnologie ad uso militare. Si tratta della forma per così dire embrionale dalla quale poi nel 1983 nacque Internet. Arpanet fu pensata per scopi militari statunitensi durante la guerra fredda, ma paradossalmente ne nacque uno dei più grandi progetti civili: una rete globale che collega tutta la Terra.

[88] Usenet è una rete mondiale formata da migliaia di server tra loro interconnessi, ognuno dei quali raccoglie gli articoli (o news, o messaggi, o post) che le persone aventi accesso alla rete inviano in una data gerarchia, in un archivio ad accesso pubblico, organizzato in gerarchie tematiche che contengono vari thread sullo stesso tema

l'uno all'altro. Questi agglomerati di informazione digitale si fissano in modo indelebile in questo libro mastro, rendendosi accessibili ovunque nel mondo e in qualsiasi arco temporale. In modo più specifico, la *blockchain* viene inquadrata proprio come un registro di dati pubblico, decentralizzato, trasparente e distribuito, sul quale vengono elaborati gruppi di transazioni, chiamati per l'appunto blocchi, che a loro volta vengono verificati e convalidati. Volendo fare un esempio, possiamo ricordare la transazione bitcoin tra Marco e Maria affrontata nel capitolo due. Una volta che Marco firma digitalmente il suo trasferimento a favore di Maria, la transazione comincerà il processo di verifica al fine di essere inserita quanto prima in un blocco, in modo tale da rendere successivamente disponibile la somma di bitcoin nel *wallet* di Maria. Sulla *blockchain* la transazione di Marco e Maria sarà immediatamente visibile. Ogni partecipante alla rete può visionare quella transazione, può inoltre vedere quanti bitcoin sono presenti, sono stati inviati e sono stati ricevuti da quello specifico indirizzo. Ci si riferisce proprio a questo quando si parla di trasparenza.

Decentralizzato e distribuito. Qualche riga più su, nella definizione della *blockchain,* sono stati usati i termini decentralizzato e distribuito. La realtà ha praticamente "abituato" a sistemi centralizzati, sottolineando quasi sempre ed in modo marcato il rapporto "uno a tanti". Determinati processi, azioni, valutazioni o quant'altro, spettano ad un ente centrale atto a svolgere precise azioni per i "molti". La fiducia viene riposta presso un terzo, verso un soggetto o autorità che rappresenta la centralità del sistema. La *blockchain* ribalta completamente questa visione. In questa rivoluzionaria concezione di gestione dei dati si supera il concetto di centralizzazione facendolo sembrare assolutamente obsoleto, o quantomeno poco democratico. Non solo, il concetto di decentralizzazione si lega a quello di distribuzione. In un sistema decentralizzato non si configura più l'attore unico centrale ma vengono a nascere tanti piccoli nuovi "attori centrali". Più precisamente, possiamo immaginare il libro mastro come il *server* di una banca. Nel caso dell'istituto bancario, la raccolta dati dei clienti, delle transazioni, degli investimenti ecc., risulta allocata in uno specifico *server* privato. La banca, di per sé, agisce al fine di verificare e convalidare tutti gli spostamenti di denaro. Nel caso della *blockchain,* il tutto si rende più sicuro e più trasparente per delle semplici ragioni. La prima riguardo proprio l'allocazione dei dati sensibili. Il *ledger,* o libro mastro, non risulta situato in un posto specifico o in possesso di pochi. Ogni singola persona dell'intero globo potrebbe tranquillamente decidere di partecipare alla rete diventando di conseguenza un nodo di essa. Ne consegue che il soggetto procederà a scaricare l'intera *blockchain* sul suo computer contenente tutte le transazioni passate, presenti e future. Parliamo dunque di un sistema non solo decentralizzato, in quanto non esiste un singolo attore cosiddetto "fidato", ma anche, e soprattutto, distribuito per il semplice motivo che ogni nodo possiede la *blockchain*. Viene a crearsi un intreccio talmente vasto ed omogeneo da rendere praticamente e completamente invulnerabile il suddetto libro mastro. L'evoluzione che porta al concetto di distribuzione annienta completamente la visione centralistica. Nei sistemi cosiddetti distribuiti, infatti, il centro non esiste. Ogni nodo è legato agli altri nodi. Inoltre, nessun singolo può prevalere sull'altro in quanto ogni elemento ha il medesimo peso. Si sottolinea, inoltre, come il processo decisionale tipico di questo sistema venga sviluppato lungo un consolidato percorso basato sul consenso. Per semplificare questo concetto è possibile fare un ulteriore esempio.

Marco decide di eseguire un attacco contro la banca ABC al fine di trafugare informazioni sensibili. Marco dovrà necessariamente violare il *server* della banca al fine di raggiungere il suo scopo. Lo stesso Marco, non soddisfatto ed ingolosito dall'alto valore del bitcoin, decide di violare la *blockchain* con lo scopo non tanto di rubare informazioni sensibili, in quanto non ce ne sono, quanto quello di alterare i dati riportati in essa. Ricordiamo che nella rete le informazioni sono sotto forma di *bit,* numeri e stringhe di codice. Per raggiungere il suo obiettivo Marco deve necessariamente attaccare almeno il 50% + 1 dei nodi, ovvero violare i computer di almeno metà più uno di tutti i soggetti partecipanti alla rete. Dando per scontato che Marco sappia l'ubicazione di tutti i soggetti nel mondo attivi nella *blockchain* del bitcoin, tale operazione richiederebbe una quantità di anni talmente elevata da rendere impossibile il progetto prima ancora di iniziarlo.

Appare evidente come risulti estremamente più complicato, per usare un eufemismo, sabotare un sistema del genere. Finché anche un solo nodo resterà attivo, la *blockchain* continuerà a funzionare. È stato fatto l'esempio, poc'anzi, di una transazione bitcoin e di come essa viene regolata sulla *blockchain*. Le potenziali declinazioni della *blockchain*, come vedremo successivamente, sono però infinite e non circoscritte alle sole operazioni monetarie. Volendo fare un esempio alternativo, si potrebbe chiamare in causa la politica e le elezioni elettorali.

Il lungo ed estenuante processo di votazione incluso i conteggi, reclami, ricorsi, le proiezioni del voto ecc., potrebbe essere risolto utilizzando la tecnologia *blockchain*. Grazie alla firma digitale, come avviene per le transazioni in criptomoneta, ogni singolo soggetto sarebbe il solo ed unico autorizzato ad utilizzare quel singolo dato, sia esso sotto forma di bitcoin o di voto elettorale; si saprebbe in tempo reale chi è in vantaggio e con quanti voti, si avrebbe la certezza dell'immutabilità dei voti in quanto una volta iscritti nella *blockchain* questi risulterebbero inviolabili ed incorruttibili. E ancora, le spese economiche per reggere l'intero processo elettorale si ridurrebbero in modo drastico offrendo al contempo maggiore efficienza, trasparenza, sicurezza.

Come indicato ad inizio paragrafo, dare una definizione puramente tecnica della *blockchain* non sarebbe risultato sufficiente a spiegare un nuovo concetto di "*trust*" come questo. Si è cercato quindi di illustrare tale paradigma sotto diversi punti di vista. Database finanziario, registro pubblico con elevati standard di sicurezza grazie alla crittografia, libro mastro formalmente distribuito e totalmente *peer-to-peer,* ecc. Come per il bitcoin, che si ricorda essere una delle tante soluzioni che la *blockchain* può offrire, anche per questo *ledger distributed* esistono diversi elementi fondamentali come:

- **Nodo**: Fondamentalmente la *blockchain*, essendo appunto un registro contenente tutte le transazioni effettuate, si distribuisce tra le persone. L'individuo viene chiamato in causa affinché diventi parte attiva di tutto quel processo che assume il nome di transazione. Ogni singolo soggetto, nel momento in cui decide di entrare in gioco, provvederà a salvare l'intero libro mastro sul suo *personal computer* in modo da diventare un nodo dell'intera rete. Migliaia di nodi sparsi per l'intero globo con la funzione di *server,* in competizione tra di loro al fine di verificare quanto prima una transazione per aggiungerla in un blocco e prendersi, come conseguenza naturale, *fee* e nuovi bitcoin. Piccola precisazione. Una persona può decidere di salvare l'intero *ledger* senza però contribuire attraverso il *mining.* In pratica svolge una funzione di *server.* Nel caso in cui il soggetto decidesse di prendere parte in modo attivo dovrà necessariamente procedere con l'attività di *mining* e ottenere le dovute *fees.*

- **Transazione**: Come già detto una delle tante declinazioni operative della *blockchain* è sicuramente quella monetario. A tal proposito, si segnala come il protocollo bitcoin sia stato il primo ad utilizzare tale tipologia di *ledger.* Nel contesto monetario individuiamo una transazione quando il soggetto A decide di trasferire del denaro al soggetto B. All'interno del messaggio che verrà successivamente crittografato, troviamo indirizzo pubblico del destinatario e importo da inviare. La *blockchain* però permette di registrare qualsiasi tipologia di transazione, non solo quelle monetarie. Del resto, una *transaction*, qualsiasi essa sia, seguirà il medesimo processo di verifica, di approvazione ed infine di archiviazione da parte della rete. Il lavoro svolto dai *miner* e dai nodi non cambia, indipendentemente dal contenuto della transazione.

- **Blocco**: Le singole transazioni, una volta firmate digitalmente da una delle due parti, entrano nella rete in attesa di verifica. I *miners*, grazie alla potenza computazionale generata dai loro *Asic*, andranno a risolvere quei famosi "enigmi" matematici con il fine di verificare la singola transazione ed immetterla quanto prima in un blocco. Quest'ultimo altro non è che l'insieme di più transazioni verificate. I blocchi resteranno memorizzati nella *blockchain* per sempre, accessibili da chiunque e ovunque nel mondo e soprattutto resteranno immutabili ed inviolabili.

- *Ledger*: Il registro, il famoso libro contabile di tutto ciò che avviene sulla *blockchain*. Ogni singola transazione, dalla prima nel primo decennio del XXI secolo alle quasi 250.000[89] giornaliere del 2018. Un *database* non più centralizzato, e quindi nelle mani di pochi, diventa distribuito, passando di fatto nel controllo di migliaia se non milioni di persone. Un sistema che non necessita più di quella sorta di investitura obbligatoria di un terzo soggetto utile a garantire il corretto svolgimento delle transazioni. Inoltre, non bisogna dimenticare che i dati, una volta archiviati, verranno figuratamente sigillati per mantenere invariate le informazioni ivi contenute. Oltretutto qualsiasi tipologia di persona potrà partecipare come nodo salvando l'intero *database* sul proprio computer. Più registri saranno distribuiti, maggiori saranno le condizioni di totale immunità

---

[89] https://blockchain.info/it/charts/n-transactions

da qualsiasi attacco informatico. Si potrebbe dire lo stesso dei *server* bancari? Negli ultimi tre anni, ad esempio, sono stati trafugati i dati di più di 400.000 clienti Unicredit (Greco 2017), 17 milioni sottratti dalle banche russe da un gruppo di *hacker (Licata 2018)*, quasi un miliardo di dollari rubato da conti depositi attivi in istituti bancari cinesi, tedeschi, russi, canadesi, americani ed ucraini (Riva 2015).

- **Hash:** In questa nuova forma di rete la fiducia non viene rimessa nelle mani di un ente centrale, ma in quelle della crittografia e della matematica. Abbiamo visto come la crittografia sia perfettamente impeccabile nel garantire riservatezza, integrità, sicurezza a qualsiasi tipologia di scambio in senso lato. Come si è illustrato già nel capitolo 2.2, la crittografia è forse il cuore pulsante dell'intero sistema. Un sistema, quello crittografico asimmetrico, capace di ovviare al problema della segretezza della chiave privata, utile a decrittare il messaggio. Firmando il messaggio originale con la chiave pubblica del destinatario si darà modo solo ed esclusivamente a quest'ultimo di decrittare il contenuto tramite la sua chiave privata. Letteralmente *hash* significa sminuzzare, pasticciare, trasformare dunque un messaggio in una stringa di codici alfanumerici casuali, rendendo di fatto impossibile risalire al messaggio originario tramite la suddetta stringa.

Nella rete, come sappiamo, i dati sono rappresentati in formato digitale, codice *bit* o meglio, stringhe di codice binario. Uno dei problemi dei dati digitali è proprio la possibilità di duplicarli senza molte difficoltà. Nel contesto *blockchain* e criptovalute questo vorrebbe dire che una persona potrebbe tranquillamente duplicare i suoi fondi in btc o spendere più volte la stessa cifra. Del resto, rispetto al mondo offline viene meno l'ente centrale o l'intermediario atto a controllare l'effettivo svolgimento della transazione. La *blockchain* offre una soluzione anche per quello che risulta essere uno dei problemi più lampanti dell'informatica. La duplicazione dei dati, per l'appunto.

Il *timestamp,* o marca temporale, impedisce nel modo più assoluto una duplicazione di dati. Si ricorda che anche le criptomonete altro non sono che stringhe di codice, non cartamoneta. Più precisamente, se Mario comprasse una pizza con 1 bitcoin, ne conseguirebbe il fatto di non poter spendere lo stesso bitcoin per un pacchetto di sigarette. Se ciò fosse possibile verrebbe meno uno dei principi fondamentali della moneta, la scarsità. Il *timestamp* mette fine a tale problema. Nello specifico è come se si validasse in termini di tempo una determinata operazione. Sarà dunque noto a tutti i nodi e sulla *blockchain* che Mario, il giorno x del mese x dell'anno *xxxx,* ha trasferito 1 bitcoin al *wallet* di Maria in cambio della pizza. Seconda considerazione. Ogni forma di transazione acquisisce una sorta di codice univoco, un identificativo. Questo vuol dire che sulla *blockchain* sarà presente la storia di quel bitcoin, inviato da Mario a Maria. Tutti i nodi della rete potranno constatare tale evento ed esso, ovviamente, sarà immutabile, incorruttibile, non ripudiabile. L'aspetto interessante riguarda la dinamicità dell'aggiornamento storico di ogni porzione di informazione. Nel momento in cui Maria utilizzerà quel bitcoin per acquistare un altro bene o servizio, la storia di quella porzione di informazione (bitcoin) si aggiornerà inserendo il nuovo trasferimento.

Vediamo brevemente come nella pratica viene registrata una transazione sulla *blockchain,* prima di parlare di *private and public blockchain* nel paragrafo successivo. Ripescando l'esempio di Marco e Maria, la transazione tra loro due conterrà elementi chiave come la *public key* di Maria (cessionario) e Marco (cedente), l'importo o l'oggetto per cui si sta costruendo tale operazione. La loro transazione verrà immessa nella rete insieme a tante altre transazioni. I nodi e i *miners* prenderanno la transazione di Marco e Maria insieme alle altre con il fine di creare un blocco di più transazioni. Quest'ultimo sarà pronto per la verifica e la convalida. Una volta che il suddetto blocco risulterà verificato e convalidato, si aggancerà letteralmente ad un altro blocco già esistente. Questa operazione sarà continua tanto da dare vita, appunto, ad una catena di blocchi chiamata *blockchain*.

3.2 Public and private Blockchain

Dovrebbe risultare più chiaro, alla luce di quanto esposto finora, la tecnologia *blockchain* e come essa potrebbe sostituire completamente o quantomeno in parte la figura del terzo soggetto, il famoso garante. Un modello decentralizzato e distribuito ove poter registrare, verificare, convalidare, archiviare e proteggere qualsiasi tipologia di transazione e di informazione. Un progetto totalmente *open source*[90] in

---

[90] In informatica, il termine inglese open source (che significa sorgente aperta) viene utilizzato per riferirsi ad un software di cui gli autori (più precisamente, i detentori dei diritti) rendono pubblico il codice sorgente, favorendone il libero studio e permettendo a programmatori indipendenti di

cui chiunque può prelevare il codice e migliorare il sistema attuale, utilizzarlo per progetti diversi o semplicemente utilizzare la tecnologia al fine di implementarla in un sistema già collaudato. Inoltre, bisogna anche ricordare che parliamo di una realtà ancora acerba, poco conosciuta e poco facile da apprendere dato il suo sottostante (crittografia, *computer science*, ecc.). Il "The Economist", in un articolo del 2015, definisce la *blockchain* come "the *trust machine*"(*Economist 2015*). Nel primo paragrafo di questo capitolo si è cercato di spiegare cos'è e come funziona la *blockchain*. Non sono state fatte volutamente distinzioni riguardo un aspetto molto importante.

Nonostante sia un progetto *open-source* e quindi aperto a tutti, sia da un punto di vista operativo che conoscitivo, la *blockchain* può essere privata o pubblica. È una differenza estremamente importante in quanto ci permetterà di capire come, ad esempio, certe criptovalute siano totalmente anonime o comprendere quali siano le motivazioni utili a scegliere una *public blockchain* rispetto ad una *private blockchain*. Più

---

apportarvi modifiche ed estensioni. Questa possibilità è regolata tramite l'applicazione di apposite licenze d'uso. Il fenomeno ha tratto grande beneficio da Internet, perché esso permette a programmatori distanti di coordinarsi e lavorare allo stesso progetto.

precisamente parliamo di *Permissionless Ledger* e *Permissioned Ledger*.

Una *blockchain* viene definita pubblica quando qualsiasi soggetto può diventare membro della rete senza rispettare alcun requisito, senza rivelare la sua identità o rispettare requisiti di accesso prestabiliti. Il *Ledger* è per l'appunto distribuito, pubblico, aperto a tutti. Chiunque ha facoltà di salvare in locale l'intero libro mastro, chiunque può decidere di modificare o effettuare una transazione tenendo sempre conto del famoso consenso del 50% +1 da parte della rete. Parliamo dunque di un sistema libero dove è la comunità a svolgere il ruolo di "gestore", se così lo si può chiamare, e senza rischiare di cadere nella declinazione centralistica del termine. Questo vuol dire, molto semplicemente, che una *public blockchain* appartiene a tutti ed è di tutti. Ulteriore considerazione riguarda il metodo con cui tutto appare e si svolge in modo trasparente, lasciando ben lontano quella che viene definita censura. Nello specifico, al fine di rendere più chiaro questo concetto, è possibile affermare che non esiste in alcun modo un soggetto capace di impedire, ostacolare, annullare una qualsiasi forma di transazione. Si segnala che il protocollo Bitcoin è stato il primo ad utilizzare con successo la logica del *database* distribuito, facendo appunto registrare tutte le transazioni in bitcoin sulla *blockchain*. Tutt'ora, il *Ledger* utilizzato dal Bitcoin resta pubblico, distribuito e uno dei più grandi al mondo. Ci sono situazioni, come vedremo a breve, in cui il creatore di una *cryptocurrency* decide di optare per una *private blockchain* per ragioni ben precise.

Quando parliamo di *private blockchain* intendiamo configurare una tipologia di registro dati di tipo ristretto, centralizzato, riservato ai soli autorizzati. Come la *public blockchain*, sono anche qui presente elementi quali la decentralizzazione, una rete *peer-to-peer*, l'immutabilità e incorruttibilità dei dati e quant'altro. Gli aspetti che vanno a mutare sono quelli relativi a controllo, accessibilità, procedura del consenso e regole di condivisione. In un tale contesto la *private blockchain* può essere raffigurata come un ecosistema privato e riservato a pochi soggetti autorizzati. Mentre quella pubblica è aperta a tutti e anzi incentiva una sempre maggiore partecipazione, quella privata viene creata appositamente per essere concessa a determinati soggetti. Molto semplicemente, si può fare l'esempio di un'impresa o di una banca.

La *blockchain* dovrà necessariamente essere privata per mantenere la segretezza dei dati dei clienti, fornitori e soprattutto garantire una velocità elevata nella elaborazione di tutte le transazioni. Nel caso della *public blockchain,* essendo appunto aperta a chiunque, la potenza richiesta per elaborare i dati aumenta sempre di più e ciò va a discapito della velocità di elaborazione. Oltretutto, anche se ciò potrebbe

106

sembrare un paradosso, in una *blockchain* pubblica c'è totale trasparenza e nessuna forma di privacy[91]. In una *private blockchain* il permesso di salvare il *ledger* così come il permesso di leggere le transazioni, viene riservato a poche persone con cui c'è un rapporto di completa fiducia. Nel caso della banca, ad esempio, sarà concesso ai soli dipendenti. Riguardo la procedura del consenso non sarà necessario ottenere il 50% + 1 dalla rete, ma soltanto dai nodi autorizzati. Questo, ovviamente, implica una maggiore velocità di gestione. Si potrebbe inoltre quasi affermare la presenza di una sorta di *governance* nel contesto di una *private blockchain*. Troviamo, cioè, individui legati all'accettazione obbligatoria di determinate regole necessarie a garantire prima di tutto la sicurezza dei dati. Una *blockchain* di tipo privato può anche servire a soddisfare altre esigenze. Il libro mastro utilizzato dal protocollo Bitcoin, come sappiamo, è totalmente pubblico, aperto e condiviso. Ognuno può visionare le transazioni svolte, controllare i fondi di un determinato indirizzo di *wallet* ecc. Ci sono *cryptocurrency,* come ad esempio *Monero[92],* nate per garantire l'assoluto anonimato delle transazioni e degli utenti. Il protocollo

---

[91] Nel momento in cui si rende pubblico l'indirizzo cade qualsiasi forma di riservatezza.

[92] Monero (XMR) è una criptovaluta creata nell'aprile 2014 che si focalizza sulla privacy, la decentralizzazione, la scalabilità e sulla fungibilità

utilizzato permette il completo oscuramento di chi invia, chi riceve e l'ammontare della transazione. Oltretutto questa criptovaluta utilizza una *blockchain* completamente privata.

Prima di chiudere questo paragrafo, si segnala la presenza di una forma ibrida di *blockchain*. La *Consortium Blockchain* può essere definita infatti come parzialmente privata. Infatti, rispetto ad una *private blockchain* dove l'organizzazione è rigorosamente chiusa a sé stessa e fortemente centralizzata, questa tipologia ibrida presenta dei nodi predeterminati. Più precisamente, nella *blockchain* pubblica chiunque in possesso di una connessione internet può diventare un nodo della rete, leggere le transazioni ecc.; in una *blockchain* privata il *database* è riservato ad un singolo soggetto (banca, impresa) con rigorose regole gestionali; in una *blockchain* ibrida, invece, si configura una sorta di "consiglio degli anziani". Anziché fare capo ad una singola entità come in quella privata, nella *consortium blockchain* la gestione spetta ad un gruppo di soggetti. L'esempio più calzante sarebbe quello in cui si andrebbe a configurare una necessità di collaborazione organizzativa, dove appunto i partecipanti sono numerosi ma uniti da uno stesso obiettivo. Si potrebbe fare l'esempio delle Nazioni Unite e del ruolo di nodo che andrebbe a svolgere ogni singolo paese membro.

3.3 Ambiti applicativi della Blockchain

Essenzialmente la *blockchain* è un grande libro mastro pubblico e distribuito dove vengono registrate tutte le transazioni ed eventi digitali autorizzati e condivisi tra tutti i partecipanti della rete. Un registro pubblico che però non può subire manomissioni, alterazioni, annullamenti, confische, sequestri o quant'altro. Preso atto di questo, appare particolarmente scontato trovarsi d'accordo sull'esistenza di molteplici se non infiniti usi di una tale tecnologia. Volendo fare una semplice analogia per capire quanto sia sicura la *blockchain* si potrebbe fare l'esempio del furto. Un discorso sarà rubare un qualcosa presso un luogo appartato, isolato, lontano da persone; tutt'altra storia sarà farlo davanti a migliaia e migliaia di persone con gli occhi puntati su quel luogo isolato. Marc Andreessen[93], il decano dei capitalisti della Silicon Valley, ha espresso pareri più che positivi elogiando la *blockchain* come un'invenzione più importante dalla stessa Internet. Inoltre, Johann Palychata, analista di BNP Paribas, primo gruppo bancario francese, ha paragonato la blockchain del bitcoin, e quindi ad uso

---

[93] Marc Andreessen (Cedar Falls, 9 luglio 1971) è un informatico e imprenditore statunitense.

finanziario, all'invenzione del motore a vapore. Ha inoltre indicato come questo sistema potrebbe davvero avere un effetto distruttivo sull'attuale sistema finanziario qualora dovesse applicarsi anche allo scambio di titoli azionari (Williams-Grut 2015). I vantaggi offerti dalla *blockchain* sono davvero numerosi e sicuramente maggiori rispetto ai problemi normativi o tecnici che ogni paese sta riscontrando da diversi anni.

La *blockchain* ha potenzialmente tutte quelle peculiarità necessarie a rivoluzionare completamente il nostro modo di vivere e soprattutto i rapporti tra soggetti, istituzioni o autorità centrali. L'esplosione del fenomeno bitcoin ha sfortunatamente messo un po' in ombra quella che è la vera rivoluzione del XXI secolo. Estrapolando la *blockchain* dal mero contesto monetario e quindi delle criptovalute, è concepibile constatare diverse declinazioni funzionali della stessa. Nello specifico, è possibile utilizzare la *blockchain* nei servizi finanziari e bancari, nel settore alimentare (storia, tracciatura, ecc. di un determinato prodotto), nel campo sanitario (cartelle cliniche di ogni paziente, con l'intero *background* clinico del malato, immediatamente accessibile al medico curante), nella pubblica amministrazione (accesso rapido a qualsiasi dato della pubblica amministrazione e, viceversa, ai dati dei singoli cittadini in materia fiscale e tributaria), nella gestione dei cosiddetti *smart contracts*[94] e molto altro ancora.

Prima di illustrare nel dettaglio alcuni dei contesti operativi della *blockchain,* è bene sottolineare un dato molto significativo. Nei primi cinque mesi del 2018 sono stati investiti circa 1 miliardo e 300 milioni di dollari nelle start-up[95] collegate alla *blockchain.* Nell'intero 2017 sono stati investiti circa 900 milioni (Soldavini 2018a). Appare alquanto evidente come sempre più investitori si stiano muovendo a favore di questa nuova tecnologia. La *blockchain* ha tutte le potenzialità per regolare qualsiasi tipo di interazione tra persone, siano esse commerciali o meno. Nel contesto si chiede agli individui di fidarsi non di un unico soggetto, non di un unico luogo dove sono conservate tutte quelle informazioni sensibili, bensì viene chiesto di fidarsi di un sistema *trustless,* di un sistema aperto a tutti ma senza alcun proprietario, di

---

[94] Gli smart contract sono protocolli informatici che facilitano, verificano, o fanno rispettare, la negoziazione o l'esecuzione di un contratto, permettendo talvolta la parziale o la totale esclusione di una clausola contrattuale. Gli smart contract, di solito, hanno anche un'interfaccia utente e spesso simulano la logica delle clausole contrattuali.

[95] In economia con il termine startup (in italiano, neoimpresa) si identifica una nuova impresa nelle forme di un'organizzazione temporanea o una società di capitali in cerca di soluzioni organizzative e strategiche che siano ripetibili e possano crescere indefinitamente.

un sistema controllato da migliaia di persone. Dal punto di vista finanziario, la *blockchain* e le relative criptomonete hanno già dato modo di comprendere quanto tale opportunità sia rivoluzionaria. Precedentemente sono stati elencati alcuni dei molteplici usi di un *distributed ledger* e adesso si cercherà di illustrare nello specifico come questo sia possibile.

Iniziando proprio dal settore finanziario bisogna segnalare come gli esperti convengono riguardo l'importanza centrale del ruolo giocato da banche e dai grandi colossi finanziari. Il venir meno dei cosiddetti intermediari garantirebbe senza alcun'ombra di dubbio una notevole riduzione delle commissioni di servizio. La banca, come sappiamo, svolge principalmente due funzioni: deposito di denaro e gestione dei trasferimenti monetari. Maggiore è l'entità del trasferimento valutario, maggiori saranno i nostri intenti nel proteggerlo affidandoci per l'appunto alla banca, come soggetto garante. Gli abitanti dell'isola di Yap[96] , volendo fare una veloce analogia, utilizzavano un sistema diverso dalla cosiddetta banca. Era pratica comune tenere una sorta di registro mentale con annotati i dati di tutti, sapere chi avesse cosa e in

---

[96] Lo Stato di Yap è uno dei quattro Stati Federati di Micronesia. Situato nell'Oceano Pacifico occidentale, comprende numerose isole dell'arcipelago delle Caroline posizionate fra la Repubblica di Palau, Guam e Chuuk.

che quantità. In caso di controversie tra gli abitanti si faceva ricorso a queste forme di registri distribuiti. Ovviamente oggi non è più così in quanto il denaro come lo conosciamo noi ha sostituito quello locale[97]. Tornando a noi, la maggior parte degli istituti bancari si sta muovendo per trovare soluzioni inerenti alla grande fetta dei trasferimenti transfrontalieri. Alla base di questa ricerca ci sono motivi validi sia per loro, in qualità di erogatori dei servizi, sia per i clienti, in qualità appunto di consumatori. Ridurre prima di tutto il costo di queste transazioni. Come ben sappiamo, il costo di un trasferimento valutario oltre confine è particolarmente costoso. Come scrive Sibilla Di Palma, giornalista: *"... secondo il report "Blockchain Technology: How banks are building a real-time global payment network", che ha coinvolto le principali banche globali, il 30% è ormai in fase avanzata in materia di adozione della blockchain per i pagamenti: i dirigenti si definiscono "in prima linea nella rivoluzione" (17%) o "impegnati nella sua realizzazione" (13%). Mentre, secondo un report del World Economic Forum, entro il prossimo anno l'80% delle banche avrà già adottato la blockchain almeno per alcune attività. Una sua adozione su larga scala dal mondo bancario, sempre secondo l'indagine, potrebbe consentire*

---

[97] Le pietre Rai sono grandi dischi circolari scavati nel calcare che si trovano nell'isola di Yap, in Micronesia. Le popolazioni locali le usavano come moneta, "denaro di pietra".

risparmi che si aggirano fra 15 e 20 miliardi di dollari all'anno a partire dal 2022. «La blockchain ha una portata globale»" (Di Palma 2016). Non deve sorprendere il fatto che i primi finanziatori di start-up in materia *blockchain* siano proprio le banche. Secondo motivo è la riduzione dei tempi di elaborazione. Qui non solo occorrerebbe adottare la *blockchain,* ma anche una relativa moneta per facilitare gli scambi di valuta come vedremo successivamente.

Un secondo ambito da valutare riguardo l'adozione della *blockchain* è sicuramente quello alimentare. Oggigiorno risulta sempre più difficile certificare la reale provenienza e la qualità dei prodotti alimentari. Questo non solo è un problema per il consumatore per ovvie ragioni ma anche, se non soprattutto, per le aziende e la solidità dei loro business. Grazie alla *blockchain* ogni singolo passaggio dell'intera filiera produttiva sarebbe certificato, archiviato e reso disponibile a chiunque, consumatore compreso. Si andrebbe dunque a garantire non solo l'effettiva origine di un determinato prodotto ma anche i trattamenti subiti, i trasporti, le diverse fasi della lavorazione fino al momento in cui viene posizionato sullo scaffale del supermercato. Tutti dati ovviamente non manomissibili da nessuna persona. Smartagrifood, azienda italiana, offre una soluzione a dir poco entusiasmante. Grazie ad un semplice smartphone il consumatore potrà scannerizzare il *qr code* di un qualsiasi prodotto alimentare e vedere in tempo reale qualsiasi tipologia di informazione a riguardo. Dove è stato coltivato, quali trattamenti ha ricevuto, dove è stato trasformato, quali sono le proprietà organolettiche ecc. Tutti dati, anche in questo contesto, non corruttibili da nessuno e disponibili in qualsiasi momento ed in modo assolutamente trasparente. Come scrive Monica Barile, ricercatrice:" *Diversi studi, come quello condotto dal Food Marketing Institute, centro studi statunitense, ha dimostrato che il 44% dei consumatori esige informazioni dettagliate sulle modalità di produzione del cibo acquistato. Ancora, il rapporto stilato dal Grand View Research, società di studi californiana, ha evidenziato che la rivoluzione blockchain potrebbe trasformare radicalmente l'industria alimentare globale, in cui ogni prodotto potrà essere monitorato in tempo reale dalla fattoria alla tavola, con sostanziali vantaggi economici per le società coinvolte. È stato dimostrato che i vantaggi economici legati all'utilizzo della blockchain nel settore dell'allevamento porterebbero arrivare ad un risparmio dell'80% sui sistemi di tracciabilità" (Barile 2018).* La gestione della catena di distribuzione globale è assai articolata data la presenza di numerosi soggetti e fasi di lavoro. È possibile affermare che l'adozione della *blockchain* permetterebbe il completo monitoraggio del prodotto alimentare, dal momento della semina a quello della tavola. In conclusione, si segnala il recente progetto

AgriDigit (maggio 2018). L'opera di cui sopra finanziata dal Ministero per le Politiche Agricole e Forestali, prevede l'utilizzo non solo della *blockchain* ma anche del cosiddetto "*Internet of things*[98]" e dell'intelligenza artificiale, come soluzione per tracciatura alimenti e trasparenza in ogni fase di produzione e trasformazione

Sempre nell'ambito "*finance*" è possibile segnalare e valutare il settore assicurativo. L'intero contesto delle assicurazioni offre ampi margini di applicazione della tecnologia del *distributed ledger*. L'elaborazione dei reclami, ad esempio, potrebbe risultare un'operazione particolarmente noiosa o quantomeno frustrante. Il rischio di frode o la veridicità o meno dei dati forniti sono problemi non proprio rari. Adottare la *blockchain* consentirebbe tuttavia di avere accesso a sistemi decentralizzati e sicuri, avere una migliore gestione dei sinistri e dei premi, maggiore accuratezza nello *storage* dei dati dei clienti, anche per prevenire possibili frodi. Ulteriore considerazione non proprio scontata riguarderebbe l'abbattimento dei costi

---

[98] In telecomunicazioni Internet delle cose (o, più propriamente, Internet degli oggetti o IoT, acronimo dell'inglese Internet of things) è un neologismo riferito all'estensione di Internet al mondo degli oggetti e dei luoghi concreti. Introdotto da Kevin Ashton, cofondatore e direttore esecutivo di Auto-ID Center (consorzio di ricerca con sede al MIT[1]), durante una presentazione presso Procter & Gamble[2] nel 1999[3]. Il concetto fu in seguito sviluppato dall'agenzia di ricerca Gartner

gestionali e la riduzione dei tempi di elaborazione pratiche. Altro esempio vede la possibilità da parte delle assicurazioni di ricevere nel giro di pochi secondi la fattura della prestazione sanitaria come prova a carico di un loro cliente. Nel 2017, inoltre, come riportato in un articolo del Wall Street Italia, la giornalista Livia Liberatore scrive: *"Allianz Global Corporate & Specialty ha sperimentato con successo la tecnologia blockchain per l'ampio programma assicurativo captive di un suo cliente. Per realizzare questo prototipo, la subsidiary di AGCS Allianz Risk Transfer AG ha collaborato con EY, Ginetta e Citi Treasury and Trade Solutions. "Stiamo attualmente assistendo a molte applicazioni blockchain nel settore dei servizi finanziari e non vediamo l'ora di esplorare il potenziale di questa entusiasmante tecnologia nel segmento delle assicurazioni aziendali", ha detto Hartmut Mai, membro del Consiglio di amministrazione di AGCS* (Liberatore 2017).

Nel settore finanziario gli usi della *blockchain* sono davvero numerosi. Ci sono soluzioni non solo per il trasferimento valutario, come si è già illustrato in precedenza. Il *crowdfunding*[99] ha sicuramente cambiato

---

[99] Il crowdfunding (dall'inglese crowd, folla e funding, finanziamento) o finanziamento collettivo in italiano è un processo collaborativo di un gruppo di persone che utilizza il proprio denaro in comune per sostenere gli sforzi di persone e organizzazioni. È una pratica di microfinanziamento dal basso che mobilita persone e risorse.

il modo di investire da un lato e di cercare finanziatori dall'altro per giovani start-up. Tuttavia, l'utilizzo di piattaforme centralizzate come la rinomata *Kickstarter*[100] comporta la necessità di ottenere una sorta di lasciapassare al fine di farsi approvare il progetto per il quale si vuole essere finanziati. L'utilizzo di una campagna di *crowdfunding* basata sulla *blockchain* non solo è utile a rimuovere il terzo soggetto, ma permette ai giovani imprenditori di creare una loro moneta digitale con il fine di venderla sotto forma di azione. Massima autonomia quindi nella gestione del capitale e nella modalità di raccolta fondi. Il tutto, come sempre, garantito dalla crittografia e non da una persona.

La *blockchain,* come è stato detto più volte, possiede declinazioni operative che tendono all'infinito. Non solo contesti finanziari, dunque, ma anche e soprattutto situazioni fuori dal mondo della finanza.

Uno dei più delicati ambiti di gestione della nostra era è sicuramente quello riguardante l'archiviazione dei dati, sensibili e non. L'utilizzo di

---

[100] Kickstarter è un sito web di finanziamento collettivo per progetti creativi. Tramite esso sono stati finanziati diversi tipi di imprese[2], tra cui film indipendenti, videogiochi, musica, spettacoli teatrali, fumetti, giornalismo e imprese legate all'alimentazione.

servizi di *cloud computing*[101] ci permette di immagazzinare qualsiasi tipologia di dato nella rete o meglio, nel *server* della società da noi scelta. Il problema però risulta essere sempre lo stesso. La centralizzazione comporta una sorta di facilitazione nelle operazioni di *hacking*. Giusto per citare qualche evento significativo, nel 2018 sono stati trafugati i dati e criptovalute dell'azienda *Tesla* dal server di *Amazon (Zuckerman 2018a)*. Nel 2017 invece sono stati rubati i dati di 57 milioni di clienti di *Uber*[102] *(Catucci 2017)*. Sempre nel 2017 sono stati resi pubblici su piattaforme di *file torrent* e nel *deep web*[103] circa 600 milioni di mail

---

[101] In informatica con il termine inglese cloud computing (in italiano nuvola informatica) si indica un paradigma di erogazione di risorse informatiche, come l'archiviazione, l'elaborazione o la trasmissione di dati, caratterizzato dalla disponibilità on demand attraverso Internet a partire da un insieme di risorse preesistenti e configurabili.

[102] Uber è un'azienda con sede a San Francisco che fornisce un servizio di trasporto automobilistico privato attraverso un'applicazione mobile che mette in collegamento diretto passeggeri e autisti. Insieme a AirBnb è considerato uno dei maggiori rappresentanti della cosiddetta sharing economy

[103] Il web sommerso (o in inglese deep web) è l'insieme delle risorse informative del World Wide Web non indicizzate dai normali motori di ricerca. Per spiegare la mole di dati presente nel deep web si utilizza la metafora dell'iceberg, dove la parte al di sopra dell'acqua corrisponde a tutte le pagine del web indicizzate dai motori di ricerca: il

e password anche di impiegati e funzionari di Palazzo Chigi, ministeri, Rai, Finmeccanica e Parlamento (Di Corinto 2017). Adottare un sistema di *cloud computing* basato su tecnologia *blockchain* non solo avrebbe costi ridotti, ma garantirebbe una sicurezza ben maggiore da quella offerta dai sistemi attuali.

Uno dei più grandi ostacoli di un sistema elettorale basato sulla votazione online fa perno sulla sicurezza delle informazioni. Utilizzare la *blockchain* vorrebbe dire garantire nel modo più assoluto l'anonimato dell'elettore, il conteggio dei voti in modo trasparente e soprattutto certificato. La *blockchain* ridurrebbe le probabilità di frodi elettorali, manomissioni di voti o tutte quelle pratiche di cui troppo spesso sentiamo parlare ad un valore pari allo zero assoluto. Nel 2014, Liberal Alliance, un partito politico in Danimarca, è diventata la prima organizzazione a utilizzare la blockchain per elezioni interne al partito. L'esperimento della Danimarca non è stato fine a sé stesso. Nel 2018, in Sierra Leone si sono tenute le prime elezioni al mondo basate sulla

---

cosiddetto web accessibile; mentre la parte sostanziale dell'iceberg si trova sommersa e corrisponde al web sommerso. Secondo una ricerca sulle dimensioni della rete condotta nel 2000 da Bright Planet[1], un'organizzazione degli Stati Uniti d'America, il Web è costituito da oltre 550 miliardi di documenti e 18 milioni di GB

tecnologia *blockchain*. Uno tra i paesi più poveri al mondo che ha deciso di adottare la soluzione messa in atto da Agora, fondazione svizzera impegnata nella realizzazione di *private blockchain* utili al voto digitale. A riguardo si segnala la considerazione di Agora riportata su un articolo de Il Sole 24 Ore:" *Un sistema elettorale più trasparente può contribuire ad alimentare la fiducia nel paese, anche dall'esterno. «Se l'ha fatto la Sierra Leone, possiamo farlo ovunque», hanno commentato soddisfatti da Agora che punta a replicare il sistema per altre elezioni nel continente africano* (Soldavini 2018b).

L'utilizzo di questa tecnologia "costringerebbe" i governi e il sistema in generale a raggiungere quel grado di trasparenza ad oggi utopico; ma del resto o molto probabilmente è proprio questo il problema.

Una degli aspetti migliori della *blockchain* è senza alcun'ombra di dubbio quello relativo al non bisogno di pagare un *middleman,* essendo essa distribuita e decentralizzata. Nel lontano 1994 uno studioso di giurisprudenza e crittografia, Nick Szabo[104], appurò la possibilità di utilizzare il *distributed ledger*

---

[104] Nick Szabo è uno scienziato informatico, studioso legale e crittografo noto per le sue ricerche in contratti digitali e valuta digitale. Si è laureato all'Università di Washington, USA, nel 1989 con una laurea in informatico. Ha conseguito una cattedra onoraria presso l'Università Francisco Marroquín.

anche per registrare *smart contract*, o contratti intelligenti. Questo voleva dire molto semplicemente trasportare il contratto fisico sulla rete; trasformare il documento legale in dati e registrarlo sulla *blockchain*. Un contratto intelligente può risultare utile nello scambiare denaro, azioni, proprietà e qualsiasi altra cosa di valore. Il tutto, però, senza ricorrere ad un avvocato o notaio. Nello specifico, le due professioni appena citate servirebbero solamente nella stesura, essendo appunto necessari dei tecnicismi settoriali. Il modo migliore per rappresentare il funzionamento di tali *smart contracts* è quello di equipararlo ad un distributore automatico. Nella prassi comune è usuale andare dall'avvocato o dal notaio, pagare il dovuto e attendere il documento finito. Nel nostro caso invece sarà sufficiente inserire il "gettone" in questa specie di distributore per avere ciò che ci occorre. Gli *smart contracts* inoltre sono autonomi, in quanto una volta inizializzati non sarà più necessario interloquire con la controparte; sono decentralizzati, il che vuol dire che non saranno solo presenti nel mio computer e in quello della controparte ma bensì in tutti i nodi; sono sicuri grazie alla crittografia e all'impossibilità di essere manomessi o corrotti; sono veloci in quanto non sarà necessario attendere ore presso uno studio notarile o legale; sono economici in quanto non si richiede la cosiddetta parcella per l'intermediario ed infine sono precisi, in quanto la compilazione non essendo manuale non contempla alcun tipo di errore. La domanda sorge spontanea. Come funziona nella pratica uno *smart contract*? È possibile ricorrere all'esempio dell'affitto di un immobile tra due persone. Supponiamo che Marco debba affittare una casa a Maria, e quest'ultima deciderà di pagare il canone mensile tramite criptovaluta. Il contratto risponderà alla logica *"If-Then"*, sarà quindi cura delle due parti inserire con precisione tutte le regole di esecuzione. Ad esempio, quando Marco riceverà la cifra pattuita di 1 bitcoin, la chiave digitale della proprietà verrà rilasciata automaticamente; viceversa se non riceverà il denaro entro il giorno e l'ora prestabilita, il contratto si annullerà. È fondamentale avere accuratezza nella compilazione per il semplice fatto che esso verrà eseguito senza se e senza ma, non ci sono margini di trattativa o casistiche tipiche dei rapporti umani. Ogni 30 del mese alle ore 12, ad esempio, dal mio conto partirà in automatico la cifra stabilita nel contratto. Proprio per questo aspetto, cioè quello legato all'interpretazione di possibili anomalie, gli *smart contracts* necessitano di *big data*[105] e *data science*[106] al fine di sopperire la mancanza dell'intervento umano. Sarà quindi necessario avere la massima "conoscenza" possibile per affrontare tutte quelle casistiche che potrebbero presentarsi. Il contratto risponderà solo alle persone individuate nel contratto, non ad altri soggetti. Inoltre, il codice permetterà allo *smart contract* di eseguire una funzione come conseguenza del soddisfacimento di un'altra. Ulteriore esempio. Se Marco e Maria decidessero di scambiarsi 500 euro in un determinato giorno al raggiungimento di determinate condizioni, lo *smart contract* si avvierà e in automatico rilascerà i 500 euro una volta soddisfatti i criteri da loro stabiliti in precedenza. La realtà è in piena espansione

---

[105] Il termine Big data ("grandi dati" in inglese) descrive l'insieme delle tecnologie e delle metodologie di analisi di dati massivi, ovvero la capacità di estrapolare, analizzare e mettere in relazione un'enorme mole di dati eterogenei, strutturati e non strutturati, per scoprire i legami tra fenomeni diversi e prevedere quelli futuri.

[106] La Scienza dei dati è l'insieme di principi metodologici (basati sul metodo scientifico) e tecniche multidisciplinari volto ad interpretare ed estrarre conoscenza dai dati. I metodi della scienza dei dati (spesso associati al concetto di data mining) si basano su tecniche proveniente da varie discipline, principalmente da matematica, statistica, scienza dell'informazione, e informatica, in particolar modo nei seguenti sottodomini: intelligenza artificiale (o machine learning), basi di dati e data visualization.

e sicuramente tra non molti anni sarà prassi comune utilizzare uno *smart contract.*

3.4 Realtà operative della Blockchain nei mercati finanziari

Il settore *finance* è sicuramente quello più utilizzato e più ambizioso ove poter sperimentare e successivamente adottare le infinite soluzioni della *blockchain.* Stiamo parlando di un settore che muove miliardi di dollari ogni giorno e mette in relazione qualsiasi tipologia di soggetto di ogni parte del mondo dal *trader*[107] al grande istituto bancario passando per un limbo colmo di tutti quei servizi detti appunto finanziari (Gargano et al. 2017). La *blockchain* va a colmare quelle "inefficienze" legate ai tempi di elaborazioni, alle commissioni spesso troppo elevate, soprattutto in caso di trasferimenti valutari transfrontalieri, forme di embargo verso certi Stati o situazioni politicamente delicate dove i cittadini fanno fatica ad inviare o ricevere denaro dall'estero per via di

---

[107] In finanza, un trader è un operatore finanziario che effettua compravendita di strumenti finanziari, quali azioni, obbligazioni, e derivati sulle varie borse valori e su altri mercati mobiliari in nome proprio.

leggi particolarmente stringenti. Data la natura della tecnologia *blockchain* e, in questo ambito, delle criptovalute, è possibile ovviare a tanti dei problemi sopracitati.

Un mercato finanziario è nella pratica un luogo dove è possibile contrattare tutta quella serie di prodotti che rientrano nella macro-categoria dei cosiddetti strumenti finanziari. Parliamo cioè di azioni, obbligazioni, contratti a lungo termine, quote di un fondo comune ecc. *"Per quanto i mercati finanziari possano sembrare moderni e di recente istituzione dobbiamo rilevare tuttavia quanto le loro origini siano ben radicate nel passato e il loro sviluppo sia direttamente collegato con l'evoluzione del commercio" (Tortoriello 2017)*. Dalla prima compravendita di titoli a Bruges nel 1500, quando i mercanti si approcciarono a tale "novità" scambiando crediti o merci in arrivo, ad oggi, dove le piattaforme di scambio sono praticamente digitali e le contrattazioni sono effettuate per la maggior parte da macchine, molte cose sono cambiate. L'unico perno fisso, probabilmente, è quello legato alla presenza dell'intermediario. La *blockchain* a riguardo rappresenta una ulteriore profonda evoluzione, eliminando di fatto quello che viene rappresentato come garante nel sistema attuale. Oltretutto si andrebbe a garantire un risparmio in termini di commissioni e allo stesso tempo un aumento in termini di sicurezza ed efficienza. Probabilmente, fino a qualche anno fa nessuno avrebbe mai immaginato quanto grande fosse l'ondata di cambiamento di queste nuove soluzioni tecnologiche; nessuno, inoltre, avrebbe mai immaginato l'esplosione in termini di capitalizzazione di monete digitali, senza alcun sottostante se non la *blockchain,* e che oggi, le top 100, valgono circa 340 miliardi di dollari[108].

Chiusa questa breve parentesi storica e descrittiva, è tempo di illustrare nel dettaglio quelli che sono i progetti attuali e sicuramente molto interessanti nel settore *fintech.*

Purtroppo, il bitcoin, come illustrato nel capitolo due, non può rappresentare una valida alternativa per i trasferimenti di valuta transfrontalieri per due semplici ragioni. La prima riguarda i tempi di elaborazione delle transazioni. Ad oggi (giugno 2018) i tempi medi per una transazione btc, qualsiasi sia l'importo, è pari a 10 minuti[109]. Parliamo di tempistiche sicuramente minori rispetto agli strumenti standard come i bonifici bancari, ma ben lontano dal potenziale raggiungibile. La seconda ragione riguarda i costi. Attualmente (giugno 2018), una transazione in btc viene a costare circa 70-80 dollari[110]; a dicembre 2017,

---

[108] https://coinmarketcap.com/

[109] https://blockchain.info/charts/avg-confirmation-time

[110] https://blockchain.info/it/charts/cost-per-transaction

quando un bitcoin arrivò a quotare circa 20.000 dollari, il costo per una transazione si aggirava sui 160-170 dollari[111]. Non serve essere esperti per cogliere l'evidenza. Un tale strumento non può assolutamente essere utile a soppiantare quello attuale. D'altro canto, è anche vero che in questi primi mesi del 2018 sono stati già investiti circa 400 milioni di dollari nelle aziende del settore, e le soluzioni per i servizi bancari rivolte a persone ed istituzioni non si contano sul palmo di una mano, anzi. È necessario fare un'ulteriore considerazione. Sebbene si faccia spesso riferimento alla potenziale minaccia della *blockchain* come nuova realtà degli scambi finanziari, commerciali o di qualsiasi altro tipo, si segnala come molteplici banche stiano invece cercando di adottare questa nuova tecnologia. L'esempio più eclatante è senza dubbio il consorzio R3. Thomas F. Dapp, di Deutsche Bank scriveva nel 2015:" *La tecnologia blockchain è una delle prime idee davvero dirompenti del settore fintech. Dopo tutto, la teoria della blockchain pura afferma che non solo le singole divisioni commerciali delle banche tradizionali diventeranno ridondanti in futuro, ma potrebbe anche esserci un vero e proprio cambio di paradigma nel sistema finanziario prevalente, perché molti servizi di intermediazione potrebbero essere sostituiti da una rete P2P"* (Young 2015). Il consorzio R3 nasce nel 2015 e

---

[111] Ibidem

contava solo nove società operanti nel settore finanziario. Parliamo di istituti bancari come *Barclays, Credit Suisse, JP Morgan, Goldman Sachs, Ubs, Bank of America, Hsbc* e negli anni successivi hanno aderito anche *Unicredit, Intesa San Paolo, Banco Santander, BNP Paribas* per arrivare ad un totale di oltre 200 banche. Il consorzio ha sede a New York ed è stato costituito per sfruttare la tecnologia *blockchain* al fine di creare un sistema capace di gestire qualsiasi tipologia di transazione finanziaria, abbattendo i costi e garantendo maggiore velocità ed efficienza. La vera novità risiede però su cosa è possibile trasferire tra le banche aderenti al consorzio. R3 permette infatti trasferimenti in criptovaluta tra le banche aderenti ma anche moneta a corso forzoso, come euro o dollaro. Questo vuol dire che le banche del consorzio potranno scambiare moneta reale alle stesse condizioni di come si scambia criptovaluta. Si parla, in pratica, di trasferire moneta legale in modo istantaneo, a costi di pochi centesimi, qualsiasi sia il paese ricevente. Inoltre, a differenza di tanti altri progetti simili o meno, il consorzio R3 vanta una "squadra" di soci di tutto rispetto. A marzo 2018, la banca svizzera *Credit Suisse* e il gruppo *ING*, entrambe aderenti al consorzio R3, hanno scambiato per la prima volta titoli di stato per un controvalore di circa 30 milioni di euro usando *Corda*, la *blockchain* figlia del gruppo R3. A riguardo, Ivar Wiersma, capo di ING Wholesale Banking Innovation, dice" Ciò *che è veramente diverso è che [utilizzando la tecnologia digitale ledger] dà al regolatore l'opportunità di ottenere l'accesso diretto al libro mastro e vedere l'intera cronologia digitale della transazione, da dove ha avuto origine alla sua proprietà e attributi. Nell'ambiente over the counter, che tradizionalmente non è così trasparente, potrebbe rendere l'intero sistema finanziario più resiliente*"(Zuckerman 2018b). Charley Cooper, amministratore delegato di R3, ha detto a Reuters che la transazione di successo è "*molto più di una dimostrazione di concetto in un laboratorio recintato*". *Si tratta di istituzioni regolamentate in un mercato reale ed è una dimostrazione unica che le soluzioni blockchain vengono implementate in contesti commerciali*" (Zuckerman 2018b). La piattaforma del consorzio, *Corda,* mira non tanto a creare un suo sistema con una sua relativa criptovaluta come spesso accade; *Corda* si pone come sostituto dell'attuale sistema di scambi finanziari, senza creare alcuna criptovaluta ma portando la moneta legale all'interno di essa. Per dovere di cronaca si segnala che istituti finanziari come *Goldman Sachs, JP Morgan* hanno deciso di lasciare il consorzio per sviluppare una *blockchain* completamente privata e ad uso esclusivo degli stessi (Brazier 2017).

Come indicato precedentemente, il bitcoin non risulta affatto ideale, al momento, come criptovaluta sostitutiva per gli scambi finanziari dato l'elevato esborso economico per le transazioni, e una tempistica di elaborazione non proprio concorrenziale. Tra le oltre 1600 *cryptocurrencies*, tra progetti interessanti e piccole meteore, *ripple* rappresenta una realtà davvero interessante. Mentre il bitcoin si presenta solo ed esclusivamente come moneta digitale per il pagamento di beni e servizi, *ripple* si configura come un sistema in tempo reale di regolamento lordo[112] dei pagamenti, cambio valuta, rete di rimessa[113] ed infine come criptovaluta. Rispetto al bitcoin che si basa su una *blockchain* pubblica, *ripple* utilizza un *distributed ledger* gestito da server di validazione, una sorta di lista di nodi attendibili e verificati. Questo assicura una velocità nelle transazioni di gran lunga migliori a quelle

---

[112] Sistema di regolamento in cui le istruzioni di trasferimento di fondi e il regolamento finale avvengono per ogni singola transazione (ossia senza compensazione) in tempo reale nello stesso giorno di input. Un RTGS è tipicamente un sistema elettronico che utilizza elaboratori collegati in reti di telecomunicazione per trasmettere ed elaborare le informazioni in tempo reale. La regolazione è possibile se l'aderente che ordina il trasferimento ha fondi sufficienti sul conto oppure ottiene un credito dalla banca centrale, generalmente della durata di meno di un giorno lavorativo

[113] La rimessa documentaria è una forma di pagamento che permette, secondo preventivi accordi contrattuali, di perfezionare il regolamento della transazione commerciale tramite l'invio dei documenti rappresentativi della merce alla banca del debitore.

del bitcoin. Quando un nodo propone una modifica da effettuare sul *ledger,* gli altri nodi verificano che chi ha eseguito tale richiesta sia sulla lista; questo processo sarà sufficiente a validare la transazione. Ulteriore aspetto interessante del protocollo *Ripple* riguarda la possibilità di trasferire qualsiasi tipologia di bene fungibile. Ad esempio, se Marco decidesse di inviare denaro a Martina e quest'ultima volesse essere regolata in oro, la rete troverà un nodo disposto a svolgere funzione di *market maker,* in caso non ci fosse già, al fine di evadere oro come richiesto da Martina. Inoltre, il protocollo *Ripple* piace alle banche per svariati motivi. In grado di gestire circa 1500 transazioni al secondo e pronto a raggiungere le 50000 transazioni per secondo come *Visa,* 35 milioni di transazioni gestite senza alcun tipo di problema riscontrato, 3-4 secondi per concludere un trasferimento e soprattutto 1-2 centesimi come commissione di servizio (Gordon 2018). *Ripple* non punta all'utilizzo di massa da parte di soggetti comuni, ma bensì si rende ottimale per i grandi istituti finanziari e soprattutto per i grandi trasferimenti di valore, qualsiasi sia la valuta. La rete di validazione dei server distribuiti assicura una velocità unica nel gestire e convalidare le transazioni. Basti pensare che in Giappone è stato creato un consorzio di circa 60 banche le quali collaborano con *Ripple* al fine di creare un sistema di pagamento sotto forma di *app* per i propri clienti funzionante 24 ore su 24. Come riportato su un articolo de Sole 24 Ore:" ...*da tre anni a questa parte ha abbracciato fra i suoi investitori realtà come Google Ventures, Andressen Horowitz e la cinese IDG Capital Partners (raccogliendo nel complesso circa 93 milioni di dollari), sono esponenti di primo piano della galassia finanziaria internazionale. I nomi sono infatti quelli di Standard Chartered, Accenture Ventures, SCB Digital Ventures (il braccio venture di Siam Commercial Bank), la giapponese SBI Holdings e Santander Innoventures. A questi si aggiungono, in qualità di partner, BMO Financial Group, Shanghai Huarui Bank Westpac, National Australia Bank e Mizuho Financial Group (MHFG), che entrano a far parte del lotto delle 15 fra le 50 principali banche al mondo (tra cui Ubs e Santander) con cui la start-up sta attualmente lavorando"* (G.Rus 2016). Differenza molto importante da segnalare rispetto a quasi tutte le altre criptovalute è l'assenza totale del *mining*. La criptovaluta *ripple* infatti viene emessa dalla società stessa e non ci sono, avendo una *blockchain* validata da server, persone in funzione di *miner*. L'emissione totale è pari a 100 milioni e ad oggi sono stati emessi 38 milioni circa. *L'obiettivo dichiarato di Ripple è fare per i soldi quello che internet ha fatto per le informazioni, e viene spesso fatto l'esempio delle e-mail negli anni Ottanta: ogni provider aveva un suo sistema, e scambiarsi messaggi tra clienti di provider diversi era complicato. Ripple vuole rendere scambiarsi soldi facile come è oggi scambiarsi le email* (Il Post 2018). A riguardo, per concludere questa parentesi, *ripple* piace alle banche perché si pone come reale soluzione per il trasferimento di ingenti somme di valuta a costi prossimi allo zero e con tempi nell'ordine di pochissimi secondi. Oltretutto è possibile in realtà trasferire qualsiasi tipologia di asset di valore, oro compreso. Parliamo dunque di un sistema capace di collegare in modo istantaneo tutti gli istituti bancari, lasciando definitivamente lontano tutti quei problemi legati al paese, alla valuta locale, tempistiche ecc. *Ripple* lascia da parte l'ideologia della collettività tipica del bitcoin per orientarsi, invece, al business ed ai suoi principali attori.

Prima di chiudere definitivamente questo capitolo, risulta opportuno segnalare un evento assolutamente degno di nota. Nel 2015 il gruppo borsistico *Nasdaq*[114] ha ufficialmente reso pubblico il

---

[114] NASDAQ, acronimo di National Association of Securities Dealers Automated Quotation (ovvero: Associazione nazionale degli operatori in titoli con Quotazione Automatizzata) è il primo esempio al mondo di mercato borsistico elettronico, cioè di un mercato costituito da una rete di computer.
La sede si trova a Times Square. Il NASDAQ è, essenzialmente, l'indice dei principali titoli tecnologici della borsa americana; vi sono anche quotate compagnie di molteplici settori, tra cui quelle informatiche come Microsoft, Cisco Systems, IBM, Apple, Google, Yahoo e Facebook.

progetto *Nasdaq Linq*. Si tratta di una piattaforma digitale basata su tecnologia *blockchain* dove gestire le azioni di società private. Attualmente la maggior parte delle compagnie private utilizza metodi "manuali" per la vendita ed il trasferimento di quote azionarie con l'ausilio di un legale. *Questa nuova funzionalità di pagamento segna una pietra miliare nel settore finanziario globale e rappresenta un momento importante nell'applicazione commerciale della tecnologia blockchain"*, ha dichiarato *Adena Friedman, CEO di Nasdaq* (Groenfeldt 2017). Tra i primi clienti ci furono *Chain*, società tecnologica con base San Francisco e operante nella programmazione di *distributed ledger* a scopi finanziari e *ChangeTip*, compagnia specializzata in micro-pagamenti basati su criptovaluta. Per sviluppare Linq, i tecnici di Nasdaq hanno collaborato con *Chain.com* e con la società di design *Ideo* per creare una piattaforma *user-friendly*. Ovviamente, si parla di una *private blockchain* e non pubblica come quella su cui si basa il bitcoin. Per capire semplicemente come essa funzioni è sufficiente pensare ad una start-up e ad un gruppo di investitori privati. Supponiamo che la giovane start-up necessiti di capitale e di conseguenza cerchi finanziatori. Ovviamente nessuna start-up si quota in borsa nei primi anni di vita, e la fase che potremmo identificare come pre-ipo[115] è riservata a poche persone. Il registro distribuito *Linq* aggiornerà il passaggio delle quote che la start-up vuole vendere all'investitore che ha deciso di acquistarle. Oltretutto, sempre in automatico, verrà aggiornato il registro degli azionisti. *Linq* servirà a creare una registrazione sostanziale e storica di ogni trasferimento di titoli tra gli utenti della *private blockchain*, facilitando di conseguenza il controllo e una maggiore trasparenza con il trasferimento di proprietà azionaria. Un rapporto di Oliver Wyman[116] illustra che i costi legati all'*IT*[117] ed

---

[115] Un'offerta pubblica iniziale o IPO (dall'inglese initial public offering) è un'offerta al pubblico dei titoli di una società che intende quotarsi per la prima volta su un mercato regolamentato. Le offerte pubbliche iniziali sono promosse generalmente da un'impresa il cui capitale è posseduto da uno o più imprenditori, o da un ristretto gruppo di azionisti (ad esempio investitori istituzionali o venture capitalists), che decide di aprirsi ad un pubblico di investitori più ampio contestualmente alla quotazione in Borsa.

[116] Oliver Wyman è una società di consulenza manageriale internazionale con una grande attenzione ai servizi bancari e finanziari. Fondata nel 1984, l'azienda ha adottato la sua forma attuale nel maggio 2007, quando Mercer Oliver Wyman si è unito a Mercer Management Consulting e Mercer Delta per diventare un'azienda chiamata Oliver Wyman. Fa parte di Oliver Wyman Group, una business unit di Marsh & McLennan

[117] Le tecnologie dell'informazione e della comunicazione (in inglese Information and Communications Technology, in acronimo ICT), sono l'insieme dei metodi e

alla operatività gestionale vera e propria nel mercato dei capitali si aggirano sui 100-150 miliardi di dollari l'anno, a cui si aggiungono altri 100 miliardi per le tariffe e servizi post-negoziazione titoli (Wyman 2016). Fredrik Voss, vicepresidente di Nasdaq per l'innovazione blockchain, affermava a distanza di tre anni da questa pionieristica avventura, che *Nasdaq* è interessato a tre aree in cui la *blockchain* può essere utile:" *nella fase di post-negoziazione sui mercati dei capitali, nella trasparenza normativa, nel rapporto tra gli emittenti di un bene e gli investitori dello stesso". Il prodotto Linq si rivolge a quest'ultima applicazione e prende quello che in genere è un sistema di certificati cartacei, i quali diventano obsoleti o invalidati dai nuovi certificati e lo rende "più efficiente, più elettronico e meno soggetto a errori", afferma Voss (Shin 2017).*

L'esempio di *Nasdaq Link* è stato seguito da tante altre piazze borsistiche come Australian Stock Exchange, Japan Exchange Group, Korea Exchange, Deutsche Börse, Borsa Nazionale dell'India, Moscow Exchange, Borsa di Londra, Santiago Exchange (Bajpai 2017).

---

delle tecniche utilizzate nella trasmissione, ricezione ed elaborazione di informazioni (tecnologie web e digitali comprese), ampiamente diffusi a partire dalla cosiddetta Terza rivoluzione industriale.

CAPITOLO QUARTO

Le criptovalute da un punto di vista normativo

—

4.1 La situazione normativa in Italia

Giunti quasi al termine di questo percorso esplorativo su cosa sono le criptovalute, qual è la tecnologia sottostante che permette il loro funzionamento e quello di altre infinite applicazioni, come nella pratica trovano spazio, e soprattutto in che modo, queste soluzioni, potrebbero rivoluzionare molteplici aspetti della nostra vita, appare dovuto fornire una generale analisi normativa sui suddetti strumenti. È importante capire, cioè, come si stanno ponendo i governi rispetto a questa situazione di fatto. Tuttavia, l'analisi non sarà per niente facile, in quanto da un lato troviamo paesi estremamente riluttanti verso le criptovalute e, dall'altro, paesi estremamente favorevoli a queste nuove tecnologie. Nella "terra di mezzo" ci sono tutti quei paesi in fase di comprensione o di valutazione, come l'Italia. Questa prima analisi sarà dedicata completamente al nostro paese, cercando di capire a che punto è l'infiltrazione di questi nuovi concetti tecnologici all'interno del nostro arcaico *status quo* digitale.

Come sappiamo, una moneta per essere tale deve svolgere tre funzioni. Unità di conto, riserva di valore e mezzo di pagamento per beni e servizi. Abbiamo analizzato nel capitolo 2 che il bitcoin non può essere utilizzato come unità di conto a causa delle forti speculazioni finanziarie. I servizi commerciali che adoperano tale sistema, infatti, tendono a fissare un cambio con moneta a corso legale per poi essere riconvertito in criptovaluta. Strategia necessaria in quanto il bitcoin ci ha abituati ed apprezzamenti e deprezzamenti molto intensi anche solo nell'arco delle ventiquattro ore. Volendo fare un esempio concreto, tra il 10 ed 11 giugno 2018 il bitcoin ha perso in meno di una giornata circa 1000 dollari, passando da una quotazione di circa 7700 dollari a 6700 dollari[118]. Fino a quando non si avrà una stabile quotazione, sarà pressoché impossibile pensare di utilizzare il bitcoin come unità di conto.

Non può essere usata, in parte, come riserva di valore per via degli stessi motivi sopracitati. Non possiede, rispetto ai metalli nobili o alle pietre preziose, quel valore intrinseco tipico di questi "strumenti finanziari". D'altro canto, però, bisogna segnalare che peculiarità come l'emissione di moneta

---

[118] https://it.investing.com/crypto/bitcoin/chart

già definita, i bassi costi di mantenimento e la facilità di trasporto potrebbero rafforzare la tesi di vedere il bitcoin come fondo di valore.

L'ultima funzione è quella che forse viene svolta nei migliori dei modi. Il bitcoin rappresenta senza alcun'ombra di dubbio un'ottima alternativa ai sistemi di pagamento tradizione per acquistare beni e servizi. È veloce, è economico, non richiede l'immissione di dati sensibili in rete, assicura un certo anonimato ecc.

Non dobbiamo dimenticare in ottica di un'analisi normativa l'assenza nella forma più assoluta di un ente centrale predisposto alla coniatura. Come ormai dovrebbe essere chiaro e forse scontato, le *cryptocurrencies* non vengono emesse da una banca centrale e non vengono, oltretutto, garantite da alcun ente. L'ecosistema figlio della *blockchain* e di una delle sue declinazioni operative permette al libero individuo di essere lui la banca di sé stesso. Il presunto padre fondatore del bitcoin, Satoshi Nakamoto, aveva già mostrato riluttanza verso gli attuali sistemi finanziari troppo labili e troppo sottomessi a politiche scellerate o comunque fortemente influenzanti (Nakamoto 2009). La crisi del 2008 e lo scoppio della bolla immobiliare statunitense rappresenta sicuramente un valido esempio. Senza scendere troppo nel dettaglio, le stesse banche americane per ovviare alla elevata esposizione del rischio sul mercato immobiliare iniziarono a vendere a terzi forme derivate di quei stessi mutui, i *subprime,* sotto altri nomi[119]. In un linguaggio semplificato, un'operazione di scaricabili. I governi iniziarono ad" aiutare" il sistema finanziario con ingenti immissioni di liquidità avendo, probabilmente, come unico risultato, quello di alzare a dismisura i conti pubblici; Grecia, Portogallo, Irlanda sono esempi più che eclatanti di queste interessanti operazioni (Bianchi 2014).

Prima di tornare sull'argomento normativo delle criptovalute, e del bitcoin nello specifico, è bene ricordare ancora una volta che si parla di una moneta virtuale ad emissione controllata e già definita (21 milioni), quindi si configura una situazione di scarsità, come per l'oro e i diamanti; inflazione controllata nella fase iniziale, per poi convergere nella deflazione all'avvicinarsi in modo asintotico alla soglia dei 21 milioni, con relativo aumento del valore per ovvie ragioni. Una moneta deflattiva non incide positivamente sui consumi, proprio a causa del suo

---

[119] Il processo di cartolarizzazione consiste in una specie di alchimia finanziaria che tramuta una attività finanziaria indivisa – per esempio, un credito – in una attività divisa e vendibile, cioè a dire in titoli ("carta"). Per esempio, supponiamo che la banca abbia fra le sue attività un certo numero di prestiti immobiliari; la banca può decidere di cartolarizzarli, cioè di emettere dei titoli che hanno come garanzia quei mutui. Questi titoli sono poi venduti a investitori privati o istituzionali, e così la banca rientra dei soldi prestati ai mutuatari.

aumento di valore e della conseguente trattenuta al di fuori dell'economia reale. Seguendo i principi del liberismo economico, il bitcoin potrebbe rappresentare un ottimo strumento alla pari di quelli che vanno a limitare il più possibile l'intervento dello Stato nella sfera pubblica e privata.

L' Italia mosse i primi passi sull'argomento della regolamentazione nel 2014 quando i deputati Luigi Bobba[120] e Michele Anzaldi[121] presentarono un'interrogazione parlamentare a risposta in commissione sul tema bitcoin e crittovalute. Nello specifico i due deputati chiedevano, all'allora ministro Saccomanni[122], di regolamentare quanto prima l'uso del bitcoin in Italia anche al fine di proteggere gli utilizzatori dello stesso. Inoltre, veniva richiesto una sorta di monitoraggio delle transazioni con l'obiettivo di prevenire eventuali truffe. All'epoca, sfortunatamente il bitcoin era sinonimo solo di illegalità, riciclaggio, malavita e quant'altro. (Brentegani 2014)

---

[120] Luigi Bobba (Cigliano, 29 maggio 1955) è un politico italiano, attualmente deputato del Partito Democratico. Il 28 febbraio 2014 è nominato Sottosegretario di Stato al Ministero del Lavoro e delle Politiche Sociali nel Governo di Matteo Renzi.

[121] Michele Anzaldi (Palermo, 4 agosto 1960) è un politico italiano.

[122] Fabrizio Saccomanni (Roma, 22 novembre 1942) è un banchiere, economista e politico italiano.

Nei successivi quattro anni non è cambiato molto. L'intero mondo delle *cryptocurrencies* viene osservato sotto un'unica lente, quella della lotta al riciclaggio del denaro. Massimiliano Nicotra, avvocato ed esperto di diritto delle tecnologie, scrive:" *Il Decreto legislativo n. 231/2007 definisce chi sono i prestatori di servizi relativi all'utilizzo di valuta virtuale (definita quale "la rappresentazione digitale di valore, non emessa da una banca centrale o da un'autorità' pubblica, non necessariamente collegata a una valuta avente corso legale, utilizzata come mezzo di scambio per l'acquisto di beni e servizi e trasferita, archiviata e negoziata elettronicamente") estendendo gli obblighi di adeguata verifica della clientela e gli obblighi di segnalazione anche a tali soggetti, o meglio limitatamente a quelli che effettuano attività di conversione da valute virtuali in valute a corso forzoso e viceversa (Nicotra 2018).* Nel capitolo 2 si è parlato degli *exchanger* come attori utili all'acquisto di criptovaluta. Questi centri di cambio sono dunque obbligati per legge a raccogliere tutta la documentazione necessaria dei propri clienti anche per contrastare il riciclaggio di denaro sporco. Come è stato ulteriormente illustrato nel medesimo capitolo, esistono molteplici altre soluzioni per cambiare valuta a corso legale in valuta virtuale, bypassando di fatto qualsiasi forma di controllo. Scrive ancora l'avvocato Nicotra:" *Il Ministero, a sua volta, ha pubblicato uno schema del decreto ministeriale di attuazione, aprendo*

145

una consultazione pubblica sulle sue previsioni. In tale
bozza all'art. 2, 2° comma, l'obbligo di iscrizione nella
sezione speciale viene esteso anche agli "operatori
commerciali che accettano valuta virtuale quale
corrispettivo di qualsivoglia prestazione avente ad oggetto
beni, servizi o altre utilità". Tale previsione, in realtà,
amplia la platea dei destinatari rispetto a quella
originariamente prevista dalle norme sopra richiamate,
obbligando anche gli operatori commerciali che accettano
pagamenti con criptovalute ad effettuare tale iscrizione.
Orbene, se appare corretto da un punto di vista regolatorio
che chi professionalmente si occupa convertire valuta
virtuale in valuta corrente (o viceversa) venga a tutti gli
effetti considerato un cambiavalute e debba iscriversi nel
registro, non si comprende tale obbligo venga esteso a chi
professionalmente svolga una diversa attività, appunto
commerciale, e si limiti unicamente ad accettare dei
pagamenti in queste forme" (Nicotra 2018). Adottando
questo tipo di politiche troppo restrittive si rischia di
scoraggiare l'uso commerciale del bitcoin da un lato e,
dall'altro, perdere d'occhio ambiti di regolamentazione
più importanti, come ad esempio le raccolte di capitale
ai fini di investimento finanziario.

Nel luglio del 2017 è stata approvata ed è
entrata in vigore la legge IV Direttiva antiriciclaggio
(UE 2015/849), mirata a contrastare, appunto, il
riciclaggio di denaro tramite gli strumenti finanziari.
Per la prima volta entra nella scena legislativa il mondo

delle criptovalute. Viene inoltre di fatto equiparata la figura dell'*exchanger* di valute virtuali a quella dei cambi valuta. La legge IV Direttiva è stata parzialmente modificata dall'approvazione di una Risoluzione nel secondo trimestre 2018 in fase di seduta plenaria del Parlamento Europeo dando vita alla V Direttiva antiriciclaggio. Due gli aspetti rilevanti. Il primo vede l'identificazione delle valute virtuali come rappresentazione di valore digitale non emesso e non garantito da alcuna banca centrale o ente pubblico, non è necessariamente legata ad un'altra valuta, non possiede lo status di moneta, ma è accettata e condivisa come mezzo di scambio. Il secondo riguarda l'identificazione del prestatore di servizi di portafoglio digitale, ovvero coloro che offrono servizi di salvaguardia delle chiavi private per conto dei clienti. In parole semplici tutti quei servizi che permettono la creazione di un *wallet* al fine di detenere, memorizzare e trasferire moneta virtuale. (Capaccioli 2018)

Da un punto di vista fiscale la situazione non è diversa. Purtroppo, il tentativo di assoggettare questa nuova realtà a normative già esistenti non è del tutto funzionale proprio perché si tratta di tecnologie che hanno poco o niente in comune con gli attuali strumenti finanziari. Uno dei pochi dati certi a riguardo è quello riguardante l'esenzione IVA[123]. Il trattamento ai fini IVA cambiava da Stato a Stato, non essendoci una regola generale. Sfortunatamente il problema era inscritto all'interno di un altro dilemma: definire cosa sia il bitcoin tra valuta virtuale, moneta elettronica, strumento finanziario ecc. per capire quale trattamento fiscale adoperare. Classificare il bitcoin come valuta virtuale o moneta elettronica avrebbe significato esenzione IVA; inquadrarlo come bene, invece, avrebbe voluto dire applicare normalmente l'IVA con aliquota ordinaria. La Corte di Giustizia dell'Unione Europea, partendo dalla posizione assunta dalla Bce nel 2012 che identifica il bitcoin come valuta virtuale, con la sentenza del 23 ottobre 2015 (sentenza C-264/14), ha escluso di fatto l'obbligo di addebito IVA sulle operazioni di cambio in bitcoin *et similia.* La Corte ha infatti stabilito che le operazioni di cambio da valuta a corso legale a valuta virtuale e viceversa, sono da considerarsi prestazioni di servizio a titolo oneroso ai sensi della direttiva. Nello specifico afferma:" Il *cambio di un semplice mezzo di pagamento in uno avente corso legale e viceversa, effettuato dietro un corrispettivo che il fornitore integra all'atto della determinazione dei tassi di*

---

[123] L'imposta sul valore aggiunto, in acronimo IVA, è un'imposta – adottata in sessantotto Paesi del mondo (tra i quali anche vari membri dell'UE) – applicata sul valore aggiunto di ogni fase della produzione, di scambio di beni e servizi.

cambio, costituisce una prestazione di servizi a titolo oneroso ai sensi dell'articolo 2, paragrafo 1, lettera c), della direttiva IVA. Siffatte operazioni sono esenti da imposizione ai sensi dell'articolo 135, paragrafo 1, lettera e), della direttiva IVA.[124] Rappresenta sicuramente un notevole passo avanti dal momento che, come si diceva precedentemente, ogni Stato agiva in modo autonomo venendo meno una sorta di normativa a cui fare riferimento.

Nel nostro paese il trattamento fiscale delle criptovalute risulta ancora poco chiaro, al pari del trattamento normativo. Dopo la sentenza della Corte di Giustizia, l'agenzia delle entrate ha esteso, probabilmente in modo un po' forzato, ulteriori interpretazioni anche ai fini della tassazione ordinaria. Nello specifico, in risposta ad un interpello di una società intenzionata ad agire come *exchanger*, l'agenzia delle entrate nel 2016 ha fornito una interessante valutazione. La risoluzione 72/E del 2016 dell'agenzia delle entrate, primo documento ufficiale in merito, sancisce innanzitutto l'equiparazione del bitcoin ad un'altra qualsiasi tipologia di valuta, sia essa una banconota o divisa o moneta con valore liberatorio, in accordo con la sentenza della Corte di Giustizia dell'Unione Europea. In aggiunta, anche per via delle

---

124

http://curia.europa.eu/juris/celex/celex.jsf?celex=62014CC0264&lang1=en&type=TXT&ancre

modifiche apportate alla direttiva dell'Unione Europea in materia di antiriciclaggio, finanziamento al terrorismo e lotta all'evasione fiscale, evidenziata poc'anzi, pone sullo stesso piano i cosiddetti *exchanger* a dei centri cambiavalute veri e propri. Il giornalista Marco Piazza scrive riguardo il trattamento fiscale delle valute virtuali:" *... si deve considerare l'articolo 67 del Testo unico; in particolare il comma 1, lettera c-ter) e il comma 1-quater. La lettera c-ter) annovera fra i «redditi diversi di natura finanziaria» le plusvalenze realizzate mediante cessione a titolo oneroso di valute estere, quando sono oggetto di cessione a termine o sono rivenienti da depositi o conti correnti, e assimila i prelievi da depositi e conti correnti alle cessioni a titolo oneroso. Il comma 1-quater introduce un limite alla rilevanza fiscale delle cessioni di valute estere. La tassazione opera solo se, nel periodo d'imposta, la giacenza dei depositi e conti correnti complessivamente intrattenuti dal contribuente, calcolata secondo il cambio vigente all'inizio del periodo di riferimento sia superiore a 51.645,69 euro per almeno sette giorni lavorativi continui. In pratica, mentre il prelievo di banconote o monete estere da un conto corrente o deposito rileva fiscalmente (quando sono superate le soglie di cui al comma 1-quater), il successivo utilizzo come mezzo di pagamento o la successiva conversione in euro o altra valuta, virtuale o convenzionale non costituisce presupposto imponibile (Piazza 2016).* Prima di esprimere due opinioni a riguardo si segnala un ulteriore parere emesso sempre dall'agenzia delle entrate ad aprile 2018 in risposta ad un cittadino privato che, di fatto, smentisce la risoluzione 72/e poc'anzi citata. Costui, brevemente, aveva acquistato criptovalute nel 2013 e successivamente ha deciso di convertirle in oro fisico. La domanda riguardava la possibilità di esistenza o meno di rilevanza in termini fiscali. In risposta l'agenzia delle entrate afferma che le criptovalute devono essere oggetto di segnalazione tramite il quadro RW, sotto forma di altre attività estere di natura finanziaria. Le valute virtuali però differiscono, prima di tutto, dal concetto di valuta estera. Esse non sono emesse da nessuna banca centrale, non sono regolamentate da nessun ente, non sussiste alcun tipo di obbligo sulla loro convertibilità e, di fatto, sono convertibili fino a quando ci sarà qualcuno disposto a comprare o vendere. Oltretutto, prendendo in considerazione "Avvertenza sull'utilizzo delle cosiddette valute virtuali" a cura della Banca d'Italia: "*Le valute virtuali non hanno corso legale e pertanto non devono per legge essere obbligatoriamente accettate per l'estinzione delle obbligazioni pecuniarie, ma possono essere utilizzate per acquistare beni o servizi solo se il venditore è disponibile ad accettarle*"(*Bankitalia 2015*). Oggettivamente parlando possiamo essere tutti d'accordo sulla natura esplicitamente finanziaria delle criptovalute da un punto di vista puramente fiscale. Il problema, però, è un altro. Essendo attività estere, come sostiene l'agenzia delle entrate, dovremmo convenire sulla territorialità di queste monete. In caso di dollari americani sappiamo che il paese di riferimento sono appunto gli Usa; nel caso del bitcoin, a quale paese si fa riferimento? Si è ripetuto più volte che non esiste una banca centrale, non esiste nella fattispecie un singolo paese che si dichiari emittente di tale valuta. Come sostiene in un articolo de Il Sole 24 Ore Stefano Capaccioli, dottore commercialista:" *Le criptovalute, infatti, sono a-territoriali, non stanno né in Italia né all'estero. Si può dire, in termini semplicistici, ma comunque fattuali, che le criptovalute stanno nella "rete" (di fatto, nella blockchain), per la quale non esiste né un concetto di "estero" né di territorio nazionale (Stefano Capaccioli 2018).* Anche da un punto di vista sanzionatorio, continua Capaccioli: "*La norma (articolo 5 del Dl 167/1990) stabilisce che la violazione dell'obbligo dichiarativo è punita con la sanzione dal 3 al 15% degli importi non indicati, penalità raddoppiata nel caso le attività siano detenute nei Paesi black list ... non potendosi individuare la detenzione delle criptovalute – posta la loro a-territorialità – nei Paesi a fiscalità privilegiata (con l'ulteriore conseguenza dell'inapplicabilità della presunzione di cui all'articolo 12 del Dl 78/2009), si applicherebbe comunque, in caso di omessa indicazione dei coin, la penalità ordinaria dal 3 al 15% del valore non indicato (Stefano Capaccioli 2018).* Se aggiungiamo, inoltre, l'aspetto dell'immaterialità delle criptovalute, appare praticamente impossibile stabilire l'effettiva locazione delle stesse. Capaccioli ci fornisce, infine, un'interessante deduzione logica: *"Si può così giungere alla conclusione che l'obbligo di indicazione nel quadro RW non sussista ogni qualvolta la persona fisica abbia la disponibilità della chiave privata, che rappresenta il "mezzo" attraverso il quale la stessa persona manifesta la volontà di disporre delle criptovalute (Stefano Capaccioli 2018).*

Le tesi esposte dall'agenzia delle entrate potrebbero avere senso laddove l'utente privato non disponga effettivamente delle chiavi private del *wallet* e, quindi, siano in possesso dell'*exchanger*. In quel caso, molto forzatamente, potrebbe prendere piede l'ipotesi di collegare la locazione del patrimonio in criptovalute nel paese ove l'*exchanger è geograficamente ubicato*, e quindi la società che offre servizi di cambio valuta o semplicemente *custodial wallet*, ha la residenza o la domiciliazione.

Come indicato all'inizio, la situazione normativa e il tentativo di regolamentare questo settore mette in evidenza l'assoluto bisogno di fare chiarezza quanto prima. Gli strumenti attuali rischiano di ostacolare la crescita armoniosa di questa nuova realtà o, viceversa, di creare dei buchi legislativi non di poco conto. Ulteriore aspetto riguarda il calcolo della parte imponibile. L'assenza di un mercato e cambio ufficiale fa sorgere una lecita domanda: in che modo o con quali criteri si può determinare il prezzo di acquisto e di vendita ai fini del calcolo di eventuali plusvalenze o minusvalenze? Dario Deotto, commercialista e tributarista, esplica su un articolo de Il Sole 24 Ore quanto detto poc'anzi :" *Ancora, va rilevato che la norma (comma 1-ter dell'articolo 67) stabilisce che le plusvalenze derivanti dalla cessione a titolo oneroso di valute estere derivanti da depositi e conti correnti concorrono a formare il reddito a condizione che, nel periodo d'imposta in cui esse sono realizzate, la giacenza dei depositi e conti correnti complessivamente intrattenuti dal contribuente presso gli intermediari, calcolata secondo il cambio vigente all'inizio del periodo di riferimento, sia superiore a 51.645,69 euro per almeno sette giorni lavorativi continui. Se applicata alla criptovalute, si tratta di una disposizione che dimostra tutti i suoi limiti. Basta fare un esempio. Si consideri il caso di Tizio che a inizio 2017 deteneva 6.200 ether (cambio di inizio periodo circa 7 euro cad.) e che li ha venduti a fine 2017 a 700 euro per ogni ether, incassando oltre 4 milioni di euro. Ebbene, considerando ether «valuta estera», si avrebbe che, utilizzando il "cambio" al 1° gennaio 2017, Tizio, pur realizzando una ingentissima plusvalenza, ne eviterebbe la tassazione. Inoltre, in un contesto davvero "vivace", va considerata la quasi impossibile applicazione del cambio vigente all'inizio del periodo d'imposta (articolo 67, comma 1-ter), per tutte quelle Ico sorte nel corso dell'anno: si pensi alle molte "nate" nel corso del 2017 (Deotto & Burlone 2018).*

4.2 La situazione normativa nel resto del mondo

Status bitcoin ▮ **permissivo** *(è legale usare il bitcoin)* controverso *(presenti alcune restrizioni)* controverso *(interpretazione di leggi preesistenti, bitcoin non vietato completamente)* Ostile *(parziale o completo divieto)*

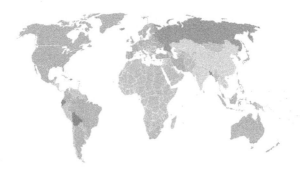

125

Al di fuori dei confini nazionali, la situazione normativa e ancor prima l'atteggiamento assunto dai diversi governi rispetto alle *cryptocurrencies*, risulta assai variegata. Nel corso di questo assunto si avrà modo di analizzare il *modus operandi* degli Usa, della Russia, della Cina *et cetera*, verso le criptovalute e, soprattutto capire in che modo lo sviluppo di queste tecnologie si stia sviluppano in accordo alle normative presenti, laddove ce ne siano. Siamo alle prese con un argomento che vede posizioni estremamente opposte: da un lato si pensa a chiudere la strada nel modo più assoluto e dall'altro, invece, a spianarla nei migliori dei modi. Ulteriore considerazione da fare a riguardo trova fondamento proprio nella forma in cui tale tecnologia si presenta. I governi non dovrebbero optare per soluzioni ostili verso tali tecnologie proprio per via della natura stessa di questi strumenti. Impedire che si svolga una transazione o confiscare una parte del patrimonio sotto forma di criptovalute ha le stesse possibilità di realizzazione di impedire alle persone di utilizzare l'aria per respirare. Come si può bloccare qualcosa se non ha luogo o forma? Appare evidente, dunque, la convenienza nel cercare di regolamentare il settore quanto prima, accogliere le nuove opportunità e utilizzarle al fine di migliorare la vita dell'intera collettività.

Nella variegata realtà normativa delle *cryptocurrencies* è possibile imbattersi in Paesi che hanno deciso di adottare una linea ostile nei riguardi delle criptovalute. Nell'estremo oriente, una delle parti del globo dove è avanzata e prosegue tuttora la linea ostile verso le criptovalute, si annoverano diverse situazioni normative a riguardo. La Cina, ad esempio, merita particolare attenzione. Nel Paese le criptovalute sono assolutamente illegali così come le negoziazioni. Anton Dzyatkovsky, CEO di MicroMoney, società operante nel settore *blockchain* e servizi di prestito finanziario con sede a Singapore, ci fornisce una spiegazione culturale a riguardo. Dzyatkovsky afferma, riferendosi al popolo cinese:" *Il primo tipo ha paura di tutto, al punto che alcuni dirigenti non sono venuti al recente vertice blockchain perché l'evento aveva la parola" blockchain nel suo nome e temevano che la polizia cinese avrebbe scattato la loro foto lì per poi utilizzarle come prova per reprimerli successivamente. Il secondo tipo di cinese è il tipo che non ha paura di nulla e questi sono quelli che stanno registrando nuovamente le loro società di blockchain a Hong Kong e Singapore al fine di continuare le operazioni interrotte dalla banca centrale"* *(Rapoza 2017).* In un primo momento di buco normativo la Cina era diventata polo attrattivo per i sostenitori delle *cryptocurrency* e della tecnologia in generale. Successivamente, temi come il riciclaggio di denaro sporco, corruzione, evasione fiscale hanno messo in moto un atteggiamento ostile verso il bitcoin *et similia* convergendo, di fatto, ad una situazione di divieto per banche, istituti finanziari e società operanti nel settore. In parte, si potrebbe anche dire che il Paese non abbia digerito bene le ingenti fuoriuscite di capitale nazionale per mezzo delle criptovalute. Oltretutto, un dato che fa riflettere è senza dubbio legato ai numeri reali di *miners* attivi nel paese asiatico. Nel 2017, infatti, i *miners* cinesi costituivano circa il 50% dell'intera schiera dei *miners* mondiali. La Cina si è dimostrata spietata anche verso le cosiddette *ICO,* una forma di raccolta di capitali sotto forma di criptovaluta per startup. Dopo il 4 settembre 2017, data in cui la Banca Popolare Cinese ha di fatto reso illegale le *ICO* e gli scambi in criptovaluta, sono stati stornati circa un miliardo di dollari a favore degli investitori cinesi (Rapoza 2017). Quella che resta, dunque, è la libertà per i cittadini privati di detenere criptovaluta o scambiarla tra di loro anche se, il governo cinese, ha intrapreso una campagna di demonizzazione in merito, proprio per scoraggiarne l'uso.

Rimanendo nel continente asiatico si segnala la Corea del Sud, paese dapprima simbolo di rifugio per gli esodati cinesi e successivamente, nel 2018, anch'esso ha sposato la linea della repressione. Il Paese in questione vede il bitcoin come moneta illegale mentre gli scambi sono in parte legali ed in parte illegali. Più precisamente è possibile negoziare *cryptocurrencies* ma è proibito utilizzare servizi di conti bancari anonimi (nel mondo delle *crypto* sono presenti svariate soluzioni a riguardo; nel mondo offline, invece, le cosiddette soluzioni *offshore*). Per operare nel settore bisogna procedere con la registrazione presso la Commissione per i servizi finanziari della Corea del Sud. Lo stesso organismo, nel 2017, secondi fonti del settore, ha emanato una direttiva per vietare anche i prodotti finanziari, come i *futures*[126], basati su criptovaluta. Un funzionario del settore dei titoli ha dichiarato: "*È la prima volta che le autorità sudcoreane vietano il commercio di un articolo specifico. Sembra che abbiano preso una tale decisione preoccupandosi di perdere il*

---

[126] I futures sono contratti standard e quindi negoziabili, a differenza di quelli personalizzati che per la loro eterogeneità non sono scambiabili sul mercato regolamentato e vengono transati principalmente sugli over the counter; nella prassi finanziaria esistono delle regole nella negoziazione e nella creazione di questi strumenti finanziari. Ad esempio, la Borsa crea dei futures e solo quelli vengono negoziati, cioè non si possono creare futures aggiuntivi (cosa che invece è possibile per i contratti a termine). Sono strumenti molto standardizzati: ogni elemento del contratto è definito in un contratto standard, e le controparti non possono modificarlo. Acquistare futures significa impegnarsi ad acquistare alla scadenza ed al prezzo prefissati l'attività sottostante. Questa può essere sia un'attività reale, ad esempio una commodity (grano, oro, metalli, caffè, ecc.) sia un'attività finanziaria. In quest'ultimo caso si parla di financial futures, i cui sottostanti possono essere ad esempio una valuta (currency futures) o un indice borsistico.

controllo in quanto non hanno preso posizione sulle criptovalute" (Sil 2017).

In Vietnam, bitcoin fa rima con criminalità, evasione fiscale, terrorismo e quant'altro. La paura, probabilmente, di gestire un qualcosa che possa non essere contenuto nelle mani di pochi, ha portato il governo ha inasprire le pene verso chi fa raccolta di capitali in criptovaluta, chi detiene valuta virtuale, chi negozia, chi promuove, ecc. Insomma, nello stato vietnamita le *cryptocurrencies* sono assimilabili quasi ad una sorta di male assoluto dal quale bisogna stare lontani. Lo sviluppo di queste tecnologie viene visto come una seria minaccia all'ordine sociale, alla stabilità finanziaria (Reuters Editorial 2018)

In Oriente è presente un Paese che rappresenta sicuramente una visione positivamente alternativa. Il Giappone figura come il porto sicuro per i sostenitori delle *cryptocurrencies* localizzati in quei paesi asiatici ove vige completa ostilità in materia. Attualmente il 61% circa delle transazioni bitcoin-valuta fiat è rappresentato dalla moneta giapponese[127]. È stato il primo paese a regolamentare gli scambi finanziari in criptovaluta dopo la bancarotta dichiarata da Mt.Gox, uno dei primi e più grandi *exchanger* (si ricorda che il furto ammontò a circa 450 milioni di dollari). Grazie ad

---

[127]

https://www.cryptocompare.com/coins/btc/analysis/jpy

una legge del 2017 il bitcoin viene riconosciuto legalmente valido come mezzo di pagamento. Le banche non sono in grado di offrire bitcoin ai propri clienti ma nemmeno è perseguibile detenere criptovaluta come in Vietnam o Nepal. Il successo di tali politiche è stato confermato da un numero sempre maggiore di aziende che hanno deciso di optare per l'accettazione commerciale del pagamento in criptovaluta. Inoltre, grazie a politiche senza dubbio pionieristiche, nel Paese del sol levante, l'utilizzo del bitcoin risulta essere una pratica molto comune. Concretamente, è infatti possibile utilizzare il suddetto metodo di pagamento per pagare le bollette, saldare il conto al ristorante o nei negozi in generale. (LaStampa 2017).

Se il Giappone risulta essere il primo paese al mondo ad aver reso legale il bitcoin come moneta di pagamento e risulta essere il primo in termini di scambi finanziari tra valuta a corso legale e valuta virtuale, gli Stati Uniti si posizionano immediatamente al secondo posto. La SEC, ovvero la commissione per i titoli e gli scambi, dopo aver dichiarato non pericolose le valute virtuali, ha intrapreso la strada della completa regolamentazione del settore, partendo dalle piattaforme di scambio ed arrivando ai fornitori dei *wallet*. Una regolamentazione utile a tutelare anche i risparmiatori e gli investitori tenendo conto dell'aumento delle cosiddette *ICO*. Ovviamente anche negli ambienti governativi si cerca di monitorare quanto più possibile le declinazioni illegali di tali tecnologie. Il segretario al tesoro degli Stati Uniti d'America, Steven Mnuchin[128], ha dichiarato che il suo obiettivo principale sulle criptovalute è "assicurarsi che non vengano utilizzati per attività illecite"(Ellyatt 2018). Il governo federale degli USA ha di fatto lasciato ai singoli stato la possibilità di decidere i parametri normativi dell'uso di queste tecnologie. L'unico dato concreto riguarda il trattamento fiscale. I cittadini americani sono obbligati a dichiarare i profitti generati dalle operazioni di compravendita di valute virtuali al fine di pagare le imposte dovute. Nel 2014, l'agenzia esattoriale degli Stati Uniti d'America, IRS, lo classificò come una proprietà ai fini tributari ed emanò una guida contenente i principi di tassazione (Liebkind 2017).

Non si può trascurare il caso del Venezuela quando si parla di criptovalute. Il caso di questo Paese è particolarmente interessante per via della situazione molto delicata in cui attualmente si trova. Se ci sono Paesi in cui le *ICO* sono completamente bandite, come quelli asiatici, troviamo anche Stati in cui è lo stesso governo a promuovere una *ICO* nazionale. Più precisamente il governo venezuelano ha lanciato la sua

---

[128] Steven Terner "Steve" Mnuchin (New York, 21 dicembre 1962) è un banchiere, produttore cinematografico e politico statunitense, 77° ed attuale Segretario al Tesoro degli Stati Uniti d'America

initial coin offering nel febbraio 2018 per la prima valuta virtuale di Stato, il *Petro*. Un Paese con un debito estero in fase di ristrutturazione maggiore ai 150 miliardi di dollari, soggetto alle sanzioni degli Stati Uniti in primis, una dicotomia sociale fortemente marcata ha deciso di cogliere questa opportunità per svariati motivi. Il primo, sicuramente, riguarda la possibilità di aggirare, *de facto,* le sanzioni politiche che l'affliggono. Il *Petro* trova nelle riserve di petrolio, gas, diamanti e stock di oro del Venezuela la sua sostenibilità e valore. In base ai dati attuali si annoverano tra i diversi investitori la Russia, la Cina e la Francia; gli Stati Uniti invece continuano il braccio di ferro con il Venezuela impedendo ai cittadini americani di acquistare il *Petro* perché classificato come metodo per aggirare le sanzioni statunitensi (Wroughton 2018). La moneta in questione rispetto al bitcoin non avrà possibilità di *mining* in quanto, come *Ripple,* l'emissione totale è stata già eseguita per un totale di 100 milioni di *Pedro* ed ogni unità di questa valuta sarà legata ad un barile di petrolio nazionale (Wroughton 2018).

Continuando l'analisi delle diverse realtà normative nel mondo risulta opportuno analizzare anche la situazione in Russia. Nel 2017, Elvira Nabiullina, capo della banca centrale della federazione russa, aveva espresso pareri duri, sostenendo l'assoluta impossibilità di inquadrare le criptovalute come valute estere o pensare di regolamentare un simile settore.

All'agenzia di informazione russa, *RIA Novosti*, affermò:" *Perché, come ho detto più volte, capiamo che c'è la valuta estera, gli stati che la emettono, l'economia, le banche centrali che la supportano. Qui il fenomeno (della criptovaluta) è meno comprensibile (*Zotina 2017). Il governo, però, non sembra condividere tali preoccupazioni ma anzi, è notizia recente la volontà di regolamentare l'intero settore delle *cryptocurrencies*.

Poco dopo l'inizio del 2018 il ministero delle finanze russe, in completo disaccordo ideologico con la banca centrale russa, ha presentato un pacchetto legislativo volto a regolamentare il settore dei *digital assets* in ottica di una maggiore trasparenza fiscale in concomitanza di una riduzioni delle frodi legate al settore; la data di presentazione del nuovo regolamento legislativo è fissata al 1 luglio 2018 (Partz 2018)

Le pratiche inerenti alla regolamentazione di queste nuove tecnologie, come si è avuto modo di vedere finora, non sono affatto scontate o di semplice attuazione. Troviamo, a riguardo, situazioni in cui il discorso regolamentazione e, ancor prima, le fasi di comprensione e valutazione di cosa siano queste criptovalute e di come funzioni la tecnologia sottostante, sono talmente superate da far addirittura pagare i tributi statali in criptovaluta. Il comune di Chiasso, a confine con l'Italia, ha infatti annunciato che sarà possibile pagare le tasse locali in bitcoin per un massimo di 250 franchi; lo stesso sarà possibile fare a Zugo, comune svizzero, fino ad un massimo di 200 franchi (Riccio 2017) . Si sta parlando di una " criptonazione", come è stata definita dal ministro dell'economia svizzero Johann Schneider-Ammann, decisa a diventare un hub di riferimento per tutto quello che concerne questi nuovi strumenti e, in particolar modo, dei servizi legati alla *blockchain,* alle *ICO* e al *mining (*Atkins 2018*).*

Nella maggior parte dei casi ci si trova davanti a discussioni inerenti a come la *blockchain* potrebbe rivoluzionare il settore finanziario e commerciale tralasciando, purtroppo, molteplici altri ambiti potenzialmente raggiungibili. Giunti quasi al termine di questa analisi è assolutamente fondamentale proseguire il clima ottimistico trovato in Svizzera per approdare in quella che risulta essere la nazione digitale più avanzata del mondo. L' Estonia ha subito nel lontano 2007 attacchi informatici su larga scala e preoccupanti disordini sociali alimentati dalle cosiddette *fake news.* Il tutto in occasione del trasferimento in un luogo più "isolato" del *Soldato di bronzo,* precedentemente chiamato *Monumento ai liberatori di Tallin,* in occasione della liberazione dal nazismo da parte dei russi. Un cammino, quello verso la digitalizzazione sicura dell'intero Paese, che trova le fondamenta dagli anni '90 (Economist 2013). L'Estonia stava già sperimentando una forma primordiale di *blockchain* ancora prima della pubblicazione del *paper* introduttivo al protocollo Bitcoin e relativo sottostante da parte di Satoshi Nakamoto. Dal 2012 la *blockchain* è stata utilizzata per diversi settori pubblici come quello legislativo, commerciale, sanitario e della sicurezza. Inoltre, non avendo più documentazioni ufficiali cartacee, il governo estone ha provveduto a creare la prima *"data embassy"* in Lussemburgo, una sorta di backup di tutti i documenti e informazioni del Paese. Ad oggi troviamo uno Stato completamente digitalizzato dove l'intero apparato governativo, della pubblica amministrazione, dei servizi sono accessibili da chiunque, in qualsiasi parte del mondo grazie al progetto chiamato *e-residency* che verrà analizzato più avanti. L'intero appalto digitale si basa su *X-Road,* un libro mastro decentralizzato e distribuito dove settore pubblico e privato lavorano in modo armonioso e funzionale, risparmiando tonnellate di carta e ore di lavoro. Tornando alla *e-residency,* altro non è che una vera e propria residenza digitale nel paese dal momento che la popolazione non arriva nemmeno al milione e mezzo. Un modo per incrementare questi numeri fornendo al contempo benefici reali come la possibilità di aprire società, conti bancari, inviare dichiarazioni delle tasse online, firmare digitalmente documenti e molto altro. I numeri a riguardo sono particolarmente interessanti. Circa 33500 e-residenti da 154 paesi diversi e più di 5000 società costituite[129]. L'ex presidente estone Toomas Hendrik Ilves[130], regista principale di questi successi, affermava nel 2017:" *L'Estonia è ora una nazione blockchain", ha detto il Presidente Ilves. La nostra società digitale è sostenuta dalla tecnologia blockchain e le nostre identità digitali sicure offrono un vantaggio significativo alle società di blockchain che devono verificare le identità online. Attraverso l'e-Residency, l'Estonia è pronta a supportare i pionieri della blockchain da qualsiasi parte del mondo in modo che possano costruire il futuro attraverso la nostra infrastruttura digitale, anche senza fare un passo in Estonia (Korjus 2017).* Stiamo parlando di un paese, quello estone, in cui i cittadini, enti, società o quant'altro, riescono ad accedere a qualsiasi ambito della sfera pubblica e privata tramite un computer e la loro carta d'identità digitale. Parliamo di un paese dove ogni cittadino può conoscere la data, l'orario e nome e cognome di chi ha avuto accesso alla sua cartella clinica o di dedicare solo cinque minuti per revisionare la dichiarazione dei redditi precompilata. In conclusione,

---

[129] https://e-resident.gov.ee/

[130] Toomas Hendrik Ilves (Stoccolma, 26 dicembre 1953) è un politico e giornalista estone. È stato presidente della Repubblica dell'Estonia (in estone: Eesti Vabariik) dal 9 ottobre 2006 al 10 ottobre 2016, dopo essere stato riconfermato per un secondo mandato nell'ottobre 2011

l'Estonia è un paese avanti anni luce dal punto di vista digitale è che ha scelto l'innovazione come soluzione agli spiacevoli eventi vissuti nel 2007. Nello stesso anno, infine, i cittadini estoni votavano digitalmente, cioè comodamente da casa, il rinnovo del Parlamento inserendo semplicemente la carta d'identità digitale nel computer (Semeraro 2007).

4.3 Criptovalute: la sottile linea di confine tra legale e illegale

Probabilmente uno dei principali scopi di questo lavoro coincide con la volontà personale di smontare nel modo più assoluto il connubio, fin troppo pubblicizzato da chi fa fatica a reperire informazioni per pigrizia o per comodità, bitcoin-illegalità, bitcoin-terrorismo o, ancora, bitcoin-evasione fiscale. Dovrebbe, o almeno si spera, risultare più chiaro che è davvero poco professionale ridurre l'intero settore delle *cryptocurrency* e della *blockchain* solo ed esclusivamente a questi ambiti. Potrebbe sembrare scontato, forse, associare questa nuova realtà tecnologica a contesti criminosi, dando per scontato di comprendere a pieno tutte le peculiarità in gioco. Anonimato, non tracciabilità delle transazioni, nessun ente atto a controllare la provenienza dei fondi sicuramente rappresentano elementi forti a sostegno dei detrattori a riguardo. È anche vero, però, che quando si parla di *blockchain* nello specifico, si deve tenere conto di valori fondamentali sui quale il *distributed ledger* in questione trova fondamento. Nello specifico si parla di trasparenza, decentralizzazione, competizione, distribuzione, sicurezza, come si è avuto modo di constatare nella lettura di questo lavoro. Oltretutto dovrebbe essere palese capire che è alquanto discutibile affibbiare l'aggettivo illegale ad una moneta per via dell'uso che se ne fa. È vero, le criptovalute sono utilizzare per acquistare prodotti e servizi sui mercati neri del *deep web*, come droga, armi, ecc.; è anche vero, d'altro canto, che nel mondo reale i traffici di droga, armi ecc. vengono saldati in moneta a corso forzoso. È condivisibile o accettabile classificare una moneta o uno strumento per l'uso che un soggetto ne fa? Il mio pensiero supporta il no. Bisognerebbe classificare anche l'euro o il dollaro come illegali visto che, come scritto qualche riga più su, vengono usati per acquistare prodotti e servizi non permessi. La tecnologia oggetto di questo lavoro va ben oltre la possibilità di acquistare droga o armi in rete anonimamente.

Le persone attratte dalla parte nascosta di internet, ovvero il *deep web,* cercano senza dubbio un livello di privacy maggiore per il semplice fatto che molte attività legate a quegli ambienti sono assolutamente illegali. Attenzione, qui non si parla solamente di acquistare droga o un classico *AK-47*[131] ma bensì di materiale pedopornografico, prostituzione, traffico di organi, sicari a pagamento, torture in live, ecc. Come scrive Salvatore Cernuzio, giornalista, anche il Vaticano è sceso in campo con un workshop intitolato *"Assisting Victims in Human Trafficking - Best Practice in Resettlement, Legal Aid and Compensation"; al centro dei lavori anche un'analisi del vasto mondo del web, soprattutto il "Deep web", quella parte di internet "sommersa" - cioè non indicizzata dai comuni motori di ricerca - dove vengono svolte attività illegali: dalla vendita di documenti falsi e di armi alla diffusione di materiale pedopornografico, fino al commercio di organi o di bambini comprati o affittati per scopi sessuali che includono violenze e torture"* (Cernuzio 2017).

Il *deep web* però non ospita solamente venditori atipici ma anche attività dei gruppi terroristici. Sui canali ufficiali è quasi impossibile fare propaganda o campagne di reclutamento e di conseguenza l'unico posto dove operare senza censure o possibilità di essere rintracciati resta proprio il *deep web*. I servizi di accesso

---

[131] L'AK-47 meglio noto come kalašnikov o kalashnikov, è un fucile d'assalto sovietico a fuoco selettivo operato a gas, camerato per il proiettile 7,62 × 39 mm. Sviluppato nell'Unione Sovietica da Michail Timofeevič Kalašnikov, il prototipo originale fu il primo fucile d'assalto di seconda generazione, dopo il tedesco StG 44. È considerato il fucile d'assalto più diffuso e maneggevole al mondo.

alla *dark net* associati all'utilizzo di semplici strumenti, come una *vpn*[132], aiutano a mantenere quasi al 100% l'anonimato. *"Alcuni hidden service – spiegano dal Clusit[133] – presenti nella rete TOR sono stati utilizzati come repositori degli eseguibili di mobile app utilizzate da gruppi jihadisti per comunicazioni sicure. Abbiamo notizia di alcuni siti utilizzati per condividere indirizzi Bitcoin per la raccolta di fondi per finanziare attività delle cellule operative in occidente. In rete è reperibile il testo "Bitcoin wa Sadaqat al Jihad" che spiega come acquistare armi nel dark web per azioni terroristiche. Le darknet sono state anche utilizzate per diffondere un manuale, intitolato "How to Tweet Safely Without Giving out Your Location to NSA." Che istruisce i militanti dell'ISIS a eludere le attività di sorveglianza operate dalle agenzie di intelligence occidentali"(Lorusso 2018).* Proprio riguardo le cellule terroristiche e le attività di tortura, esistono le cosiddette *red room*. Difficili da trovare, estremamente costoso diventare uno spettatore ma ancora oggi sono argomento molto discusso. Si parla nello specifico di vere e proprie stanze della tortura dove da una parte è presente la vittima e, dall'altra, il

---

[132] In telecomunicazioni una VPN (virtual private network) è una rete di telecomunicazioni privata, instaurata tra soggetti che utilizzano, come tecnologia di trasporto, un protocollo di trasmissione pubblico e condiviso, come ad esempio la rete Internet.
[133] Associazione Italiana per la Sicurezza Informatica

torturatore. Lo spettatore o gli spettatori pagano affinché il torturatore esegua sulla vittima quanto richiesto (Waugh 2017). La linea di confine tra leggenda e realtà è davvero molto sottile ma non bisogna dimenticare che si sta parlando di una parte della rete dove non esiste censura o leggi, dove nella pratica si può acquistare e trovare di tutto. L'ex consigliere del Tesoro degli Stati Uniti Elizabeth Rosenberg e il ricercatore del centro per la nuova sicurezza americana, Edoardo Saravalle, hanno avvertito:" *Bitcoin potrebbe inaugurare una nuova era quando gli Stati Uniti trovano quasi impossibile fermare il finanziamento del terrorismo. Questo è uno sviluppo terrificante che potrebbe consentire ai terroristi di non essere scoperti fino a quando non colpiscono. Poiché le transazioni bitcoin possono essere completate in modo anonimo, la valuta virtuale è un modo ideale per i criminali - compresi i terroristi - per nascondere le loro transazioni finanziarie da agenzie governative e forze dell'ordine (*Tarrant-Cornish 2018*).*

Nel corso del lavoro qui presente si è avuto modo di comprendere il concetto di anonimato in una criptovaluta come il bitcoin. Il problema, però, non è tanto restare anonimi nell'eseguire una transazione ma la metodologia di come si va a convertire il denaro. Non tutti gli *exchanger* adottano politiche antiriciclaggio o raccolgono la dovuta documentazione dei propri clienti; non sono obbligati, inoltre, a segnalare operazioni sospette come invece fa una banca. Sono questi i motivi per cui è necessario procedere ad una regolamentazione di determinati aspetti operativi. Non bisogna dimenticare che le metodologie per cambiare valuta a corso forzoso con valuta virtuale sono molteplici come illustrato nel sotto capitolo 2.4. In aggiunta a ciò è opportuno fare i conti con altri servizi nati appositamente per "ripulire" i propri fondi virtuali. Esistono infatti servizi specifici di riciclaggio, denominati *mixer*. Molto semplicemente sono piattaforme dove, una volta creato l'account e depositato il quantitativo monetario da "ripulire", il servizio ci restituirà presso un qualsiasi indirizzo di *wallet* da noi indicato il dovuto. Più precisamente riceveremo quanto depositato sotto forma di molteplici micropagamenti provenienti da svariati portafogli diversi. Volendo fare un esempio pratico, Mario decide di riciclare 1 bitcoin. Si farà accreditare questo bitcoin direttamente sull'account della piattaforma che offre il servizio. Una volta constatato l'effettivo deposito, Mario dovrà solamente decidere su quale *wallet* desidera ricevere quel bitcoin dal servizio di *mixer*. Mario non riceverà un unico accredito pari a 1 btc da uno specifico portafoglio ma bensì otterrà svariati micropagamenti da molteplici portafogli diversi. Sarà quindi di fatto impossibile contestare che Mario abbia ricevuto 1 bitcoin illegalmente o li abbia usati per fini non legali proprio perché non esiste una transazione univoca di 1 bitcoin a suo favore. L'immagine successiva renderà il concetto più semplice.

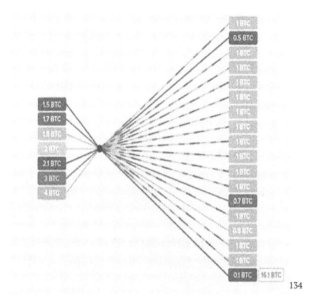

Figura 2.
Rappresentazione del lavoro di un mixer

Le pratiche di riciclaggio rappresentano sicuramente uno dei problemi più seri e da prendere in assoluta considerazione. *Mixer* a parte, il problema sorge proprio all'origine, cioè nell'attimo in cui l'euro

---

[134] https://news.bitcoin.com/the-hidden-reason-behind-bitcoins-increasing-fees-darknet-mixers/

si trasforma in bitcoin *et similia*. Nel momento in cui viene meno la tracciatura in quello specifico momento, le probabilità di ricreare il filo conduttore che porta al legittimo proprietario aumentano a dismisura. Non bisogna dimenticare che i *dealer* (vedi capitolo 2.4), non risultato essere soggetti colpiti in modo diretto dalle direttive antiriciclaggio né tantomeno sono obbligati a raccogliere documentazione dei propri clienti. Non sono, cioè, centri di cambio effettivi. La naturale conseguenza logica di tali sistemi coincide di fatto nell'impossibilità di tracciare le operazioni di cambio essendo che i dealer optano anche per pagamenti in contanti. Inoltre, dobbiamo sempre tenere a mente la presenza di criptovalute realmente anonime e non solo parzialmente come il bitcoin. Gran parte dei dati raccolti in rete mostrano le attività legate al bitcoin, in quanto parzialmente tracciabile grazie anche alla *blockchain* pubblica. Valute virtuali come *Monero*, ad esempio, nate con l'unico scopo di assicurare l'anonimato a chi le usa, utilizzano *blockchain* private, indirizzi di *wallet* camuffati e sistemi di default per la scorporazione in tante transazioni di un singolo trasferimento. Bisogna, cioè, fare i conti con la realtà effettiva e con gli strumenti attualmente utilizzati. A tal riguardo, si trova conferma da un ex funzionario della Guardia di Finanza che afferma:" *C'è una preoccupazione per il futuro, per lo spostamento che stiamo notando verso altre valute dove la componente di anonimità è intrinseca"*, conferma a La Stampa Federico Paesano, un passato nella Gdf italiana ma attualmente investigatore finanziario nel Basel Institute of Governance, una no-profit che lavora per contrastare la corruzione in vari Paesi. Aggiunge: *"Abbiamo notato un aumento di casi in cui certi crimini, come i ransomware[135], sono remunerati in bitcoin e la fase di riciclaggio si fa in altre valute, in Monero o Zcash[136]... Anche gli Shadow Brokers (il gruppo di hacker che ha diffuso online le armi digitali della americana National Security Agency, ndr) hanno incassato in Monero. A quel punto è difficile anche fare una esplorazione dei blocchi sulla blockchain, sul registro delle transazioni, come si farebbe con bitcoin"* (Frediani 2018). La cosa che fa riflettere è che le istituzioni continuano le ricerche su come il bitcoin funzioni e i possibili usi di esso quando nella realtà già

---

[135] Un ransomware è un tipo di malware che limita l'accesso del dispositivo che infetta, richiedendo un riscatto (ransom in Inglese) da pagare per rimuovere la limitazione. Ad esempio alcune forme di ransomware bloccano il sistema e intimano l'utente a pagare per sbloccare il sistema, altri invece cifrano i file dell'utente chiedendo di pagare per riportare i file cifrati in chiaro. Inizialmente diffusi in Russia, gli attacchi con ransomware sono ora perpetrati in tutto il mondo

[136] Zcash è una criptovaluta che offre privacy e trasparenza selettiva delle transazioni. I pagamenti Zcash sono pubblicati su una blockchain pubblica, ma il mittente, il ricevente e il valore della transazione possono rimanere privati

rappresenta il passato. Qui si parla di tecniche ben lontane dalla prassi comune, dai bonifici da conti offshore o tangenti nelle valigette. Tali strumenti, e nello specifico valute come *Monero o Zcash*, potrebbero rivoluzionare in tutto e per tutto un importante settore della criminalità, quello della raccolta e del riciclaggio fino a quello delle tangenti. Si rischia, di fatto, di arrendersi per mancanza di prove effettive di un qualche anomalo trasferimento perché "formalmente" mai avvenuto. Una relazione della DIA depositata in Parlamento nel 2017 si legge: *"Il deep web e strumenti di pagamento virtuali, quali i bitcoin – scrivono infatti gli analisti della Direzione investigativa antimafia guidata dal generale Nunzio Antonio Ferla –, che pur impattando sull'economia reale sono fuori dal controllo delle riserve monetarie mondiali, potrebbero risultare, di conseguenza, strumenti a disposizione della 'ndrangheta ma anche delle altre organizzazioni mafiose nazionali che sembrano rivolgersi ai business internazionali in maniera sempre più interconnessa"* (Galullo & Mincuzzi 2017).

In conclusione, si può essere d'accordo sul fatto che le istituzioni e gli addetti ai lavori abbiano un'enorme mole di lavoro da fare perché in certi casi si tratta di rintracciare transazioni fantasma. Oltretutto si rischia di combattere una guerra in cui il cattivo usa il laser e il buono la baionetta. È fondamentale comprendere il più rapidamente possibile la dimensione di queste nuove tecnologie. I criminali

dimostrano quasi sempre una velocità di adattamento ai cambiamenti superiore a quella di chi dovrebbe controllarli. Se da un lato ancora si cerca di capire cosa sia il bitcoin, dall'altro si utilizzano valute virtuali fantasma. Ultima considerazione. La paura o la scarsa volontà di comprendere cosa la tecnologia ci stia offrendo non deve nel modo più assoluto offuscare il nostro giudizio su di essa. Potrebbe essere un grosso errore scegliere la strada più semplice, quella cioè di vietare nel modo più assoluto l'utilizzo e lo sviluppo delle criptovalute e di ciò che ne consegue come risposta disperata; bensì sarebbe lodevole cercare di regolamentare il settore al fine di permettere uno sviluppo il più armonioso possibile, adottando le dovute azioni contro i soggetti che decidono di usare tali strumenti per fini criminali.

Conclusioni

—

In un recente report della Banca Mondiale è emerso che poco più di 1 miliardo e mezzo di persone nel mondo non possiede un conto bancario o ha accesso ai servizi digitali per i pagamenti (Findex 2017). Una soluzione per diminuire questi numeri potrebbe senza dubbio essere rappresentata dalle criptovalute. Un'evoluzione dei più che datati sistemi peer-to-peer che non permette, come anni fa, solo lo scambio di file ma bensì risolve il problema dei trasferimenti transfrontalieri, il pagamento di beni e servizi, soluzioni per cambio valuta e quant'altro, senza necessitare di una terza figura garante. Un servizio, una tecnologia per meglio dire, che va di fatto ad aumentare la sicurezza delle transazioni grazie alla crittografia, alla competizione, alla trasparenza, senza però aumentare i costi ma, anzi, ridurli a pochi centesimi. Una evoluzione, in pratica, che non vede più la necessità per un individuo di usufruire di un istituto bancario perché è lui stesso che agisce come banca di sé stesso. Accesso ai fondi in qualsiasi momento e in qualsiasi parte del mondo, un sistema valutario non soggetto a sanzioni, confische, divieti e senza alcun requisito di fruizione necessario.

Il lavoro qui presente è stato eseguito con l'obiettivo principale di scrostare, letteralmente, tutte le accezioni negative con cui vengono presentate le criptovalute e, in particolar modo, il bitcoin, cercando di illustrare tutta la realtà sottostante una "semplice" criptovaluta. Si sente molto spesso parlare di bitcoin ed illegalità come se quest'ultima fosse nata con l'avvento delle *cryptocurrencies*. Il discorso di fondo va ben più lontano dei casi di riciclaggio o evasione, per quanto seri possano essere. Qui si è parlato di una tecnologia in grado di donare alla comunità globale la libertà di non dipendere obbligatoriamente da un terzo soggetto; di non essere, soprattutto, dipendente da un terzo soggetto al quale "sottomettere" ogni azione.

Nel capitolo due si è potuto avere modo di comprendere quanto facile possa essere trasferire qualsiasi entità di denaro nel giro di pochi secondi e al costo di tre-quattro centesimi senza dover far ricorso a nessuna banca. Un sistema completamente decentralizzato e distribuito in grado di offrire garanzie notevolmente maggiori a quelle offerte dagli istituti finanziari. Oltretutto, dovrebbe essere chiaro a coloro che abbiano letto questo lavoro, che le criptovalute rappresentano nient'altro che una delle infinite applicazioni di quella che è la vera rivoluzione del nostro secolo: la blockchain.

Il database, il registro contabile, il libro mastro che dall'alba dei tempi è sempre stato centralizzato e, quindi, nelle mani di uno o di pochi. L'evolversi della concezione di questo strumento ha portato non solo ad avere un *ledger* decentralizzato ma anche distribuito. Migliaia se non milioni di persone in possesso di un registro dove vengono riportate tutte le transazioni, accessibili da chiunque ed *in perpetuum.* Un database basato sul consenso distribuito, che risolve, come si è avuto modo di constatare nel capitolo tre, qualsiasi problema di doppia spesa, di irregolarità, di tentativo di corruzione dei dati, ecc. In fin dei conti stiamo parlando di un'evoluzione culturale talmente importante da chiedersi se l'uomo sia pronto ad accoglierla. L' esempio più banale che si potrebbe fare per rafforzare questo concetto è quello delle elezioni elettorali basate sulla blockchain. Si arriverebbe ad offrire alle persone la possibilità non solo di votare il partito scelto da casa, senza alcuna interferenza ma, soprattutto, si otterrebbe una validazione dei dati ed una protezione degli stessi senza precedenti. Si direbbe addio, in parole semplici, a tutti quei casi di brogli elettorali, schede vendute, schede rubate e via dicendo. Quindi, come scritto poche righe più su, c'è da chiedersi se l'individuo sia realmente pronto ad accogliere questa realtà che lascerebbe sempre meno spazio ai sotterfugi o alle irregolarità. La fiducia resta comunque alta dal momento che dei vari "esperimenti" studiati, il caso del Kenya lascia sicuramente una grande speranza per il futuro. La vera sfida, credo, sarà proprio cercare di portare questa tecnologia in più ambiti operativi possibili al fine di erogare tutta quella serie di benefici descritti a tutta la comunità.

La situazione normativa attuale, come si è avuto modo di vedere nel quarto capitolo, non aiuta di certo lo sviluppo armonioso di questa nuova realtà. I buchi legislativi fanno da padrone insieme alle paure, fondate, sugli usi criminali attuali e futuri facilitati dalle cryptocurrencies. Gli atti criminali sono sempre esistiti così come quelli volti a sanzionare i soggetti esecutori degli stessi. Le criptovalute, non tutte, hanno sicuramente offerto maggiori "garanzie" a coloro che hanno deciso di usare tale tecnologia per fini non leciti. Vietare nel modo più assoluto l'utilizzo delle criptovalute significherebbe cedere la vittoria proprio a quelle persone che vedono in questi mezzi una facile via per i loro affari. Vietarle vorrebbe dire non aver capito nulla della matrice funzionale delle criptovalute. Come si fa ad impedire di utilizzare qualcosa che di fatto non esiste, non appartiene a nessuno e non è localizzabile? Il punto centrale, alla fine, è proprio questo. Sono strumenti decentralizzati e distribuiti e di conseguenza, decidere di vietare il loro uso o meno, non porterebbe nessuna reale conseguenza. Ci si auspica quindi un maggiore impegno da parte delle istituzioni al fine di comprendere quanto meglio possibile questa nuova realtà, permetterne uno sviluppo armonioso e non rafforzare quella marcata dicotomia tra comunità e politica. Potrebbe essere, a mio modesto parere, un modo per nuovamente avvicinare le persone alla politica, offrendo loro quella trasparenza ed efficienza ad oggi "apparentemente" lontana. Qualora questo obiettivo potrebbe configurarsi alquanto utopico, sarebbe accettabile, per lo meno, sforzarsi di analizzare quelle che sono le reali criptovalute in grado di favorire il contesto criminale o del terrorismo. A distanza di anni ancora ci si preoccupa del bitcoin e del suo "velato" anonimato quando invece nelle realtà criminali il bitcoin già rappresenta il passato. Concludendo, si rischia di perdere tempo prezioso riguardo obsolete questioni e demonizzando una criptovaluta nata esclusivamente per favorire il pagamento di beni e servizi. Si rischia, concretamente, di combattere una guerra dove da un lato, il cattivo usa il laser e, dall'altro, quello che dovrebbe tutelarci, la baionetta.

Bibliografia e Sitografia

—

Antonopoulos, A.M., 2014. *Mastering Bitcoin: Unlocking Digital Cryptocurrencies*, "O'Reilly Media, Inc."

Associated Press / Nbc, 2011. Schumer Pushes to Shut Down Online Drug Marketplace. *NBC New York.* Available at: http://www.nbcnewyork.com/news/local/Schumer -Calls-on-Feds-to-Shut-Down-Online-Drug- Marketplace-123187958.html [Accessed May 18, 2018].

Atkins, R., 2018. Subscribe to read | Financial Times. *Financial Times.* Available at: https://www.ft.com/content/c2098ef6-ff84-11e7- 9650-9c0ad2d7c5b5 [Accessed June 16, 2018].

Bajpai, P., 2017. How Stock Exchanges Are Experimenting With Blockchain Technology. *NASDAQ.com.* Available at: https://www.nasdaq.com/article/how-stock- exchanges-are-experimenting-with-blockchain- technology-cm801802 [Accessed June 5, 2018].

Bankitalia, 2015. Avvertenza sull'utilizzo delle cosiddette valute virtuali. Available at: https://www.bancaditalia.it/compiti/vigilanza/avv

isi-pub/avvertenza-valute-
virtuali/AVVERTENZA_VALUTE_VIRTUALI.pdf
[Accessed June 12, 2018].

Barile, M., 2018. Blockchain & Agrifood : alcuni
esempi pratici - Ruralhack. *Ruralhack*. Available
at: http://www.ruralhack.org/blockchain-
agrifood-esempi-pratici/ [Accessed June 1, 2018].

Bianchi, C., 2014. La crisi dei debiti sovrani in Europa.
Available at:
http://economia.unipv.it/pagp/pagine_personali/g
ascari/macro/bianchi.pdf [Accessed June 11,
2018].

Brazier, J., 2017. JPMorgan Follows Goldman Sachs,
Morgan Stanley in R3 Consortium Exit -
WatersTechnology.com. *WatersTechnology.com*.
Available at:
https://www.waterstechnology.com/node/335055
1 [Accessed June 4, 2018].

Brentegani, L., 2014. Il gruppo Pd alla Camera
presenta un'interrogazione sul Bitcoin. -
bitcoinita.it. *bitcoinita.it*. Available at:
http://www.bitcoinita.it/tasse_leggi_bitcoin/il-
gruppo-pd-alla-camera-presenta-
uninterrogazione-sul-bitcoin/ [Accessed June 11,
2018].

Capaccioli, S., 2018. Riflessioni su inquadramento
criptovalute e bitcoin quale valute estere.
COINLEX. Available at:

https://coinlexit.wordpress.com/2018/04/23/rifles
sioni-su-inquadramento-criptovalute-e-bitcoin-
quale-valute-estere/ [Accessed June 11, 2018].

Catucci, M., 2017. il manifesto. *il manifesto*. Available
at: https://ilmanifesto.it/login [Accessed June 1,
2018].

Cernuzio, S., 2017. Il Vaticano contro la tratta umana:
monitorare "Deep web" e operazioni finanziarie
sospette. *LaStampa.it*. Available at:
http://www.lastampa.it/2017/11/06/vaticaninsider
/il-vaticano-contro-la-tratta-monitorare-deep-
web-e-operazioni-finanziarie-sospette-
lnQcjd94476sqD4LuoCoOL/pagina.html [Accessed
June 16, 2018].

Deotto, D. & Burlone, P.L., 2018. La tassazione dei
bitcoin e i paradossi delle Entrate. *Il Quotidiano
del Fisco - Il Sole 24 Ore*. Available at:
http://24o.it/A1GUkv [Accessed June 12, 2018].

Di Corinto, A., 2017. Exploit.in: altri 593 milioni di
mail e password rubate a banche, tv e ministeri.
Repubblica.it. Available at:
http://www.repubblica.it/tecnologia/sicurezza/20
17/05/30/news/exploit_in_593_milioni_di_email_e_
password_rubate-166829532/ [Accessed June 1,
2018].

Di Palma, S., 2016. Meno costi e più velocità decolla la
rete blockchain. *Repubblica.it*. Available at:
http://www.repubblica.it/economia/affari-e-

finanza/2016/11/07/news/meno_costi_e_pi_velocit
_decolla_la_rete_blockchain-151561246/ [Accessed
May 31, 2018].

Economist, T., 2013. How did Estonia become a leader
in technology? *The Economist*. Available at:
https://www.economist.com/the-economist-
explains/2013/07/30/how-did-estonia-become-a-
leader-in-technology [Accessed June 16, 2018].

Economist, T., 2015. The trust machine. *The
Economist*. Available at:
https://www.economist.com/leaders/2015/10/31/t
he-trust-machine [Accessed May 25, 2018].

Ellyatt, H., 2018. Treasury Secretary Mnuchin explains
why he's really looking closely at bitcoin. *CNBC*.
Available at:
https://www.cnbc.com/2018/01/25/treasury-
secretary-mnuchin-explains-why-hes-really-
looking-closely-at-bitcoin.html [Accessed June
15, 2018].

Ferrari, P., 2018. Perché la Cina potrebbe vietare
totalmente Bitcoin e Criptovalute.
L'oraquotidiano.it. Available at:
https://www.loraquotidiano.it/news-
criptovalute/perche-cina-vietare-totalmente-
bitcoin-criptovalute-05-02-2018 [Accessed May
18, 2018].

Findex, G., 2017. THE UNBANKED. Available at:
https://globalfindex.worldbank.org/sites/globalfin

dex/files/chapters/2017%20Findex%20full%20rep
ort_chapter2.pdf [Accessed June 30, 2018].

Forza Italia, M., Forza Italia - Berlusconi: Viviamo in
uno stato di polizia tributaria. Available at:
http://www.forzaitalia.it/notizie/10975/berlusconi
-viviamo-in-uno-stato-di-polizia-tributaria
[Accessed May 18, 2018].

Frediani, C., 2018. Bitcoin e riciclaggio: tutto quello
che sappiamo. *LaStampa.it*. Available at:
http://www.lastampa.it/2018/02/06/italia/bitcoin-
e-riciclaggio-tutto-quello-che-sappiamo-
2rpwoTP0JNkNbFpxdTQrbN/pagina.html
[Accessed June 17, 2018].

Galullo, R. & Mincuzzi, A., 2017. Bitcoin, il riciclaggio
invisibile di mafie e terrorismo internazionale. *Il
Sole 24 ORE*. Available at:
http://www.ilsole24ore.com/art/commenti-e-
idee/2017-01-24/bitcoin-riciclaggio-invisibile-
mafie-e-terrorismo-internazionale-
164825.shtml?uuid=AEISiAH [Accessed June 17,
2018].

Gargano, A., Riddiough, S.J. & Sarno, L., 2017. The
Value of Volume in Foreign Exchange. Available
at: https://www.norges-
bank.no/contentassets/619c8b75e1ed4ba691e8ad
6a006855e6/21-sarno-the-value-of-volume-in-
exchange-rates.pdf [Accessed June 28, 2018].

Gordon, S., 2018. What is Ripple? *Bitcoin Magazine*.

Available at:
https://bitcoinmagazine.com/guides/what-ripple/
[Accessed June 4, 2018].

Graeber, D., 2012. *Debito. I primi 5000 anni*, Il Saggiatore.

Greco, A., 2017. Attacco hacker a Unicredit rubati dati di 400 mila clienti - la Repubblica.it. *Archivio - la Repubblica.it*. Available at: http://ricerca.repubblica.it/repubblica/archivio/re pubblica/2017/07/27/attacco-hacker-a-unicredit-rubati-dati-di-400-mila-clienti24.html [Accessed May 24, 2018].

Groenfeldt, T., 2017. Blockchain Moves Ahead With Nasdaq-Citi Platform, Hyperledger and Ethereum Growth. *Forbes*. Available at: https://www.forbes.com/sites/tomgroenfeldt/2017/05/22/blockchain-moves-ahead-with-nasdaq-citi-platform-hyperledger-and-ethereum-growth/ [Accessed June 5, 2018].

G.Rus, 2016. Blockchain, Ripple raccoglie 55 milioni dalle grandi banche. *Il Sole 24 ORE*. Available at: http://www.ilsole24ore.com/art/notizie/2016-09-23/blockchain-ripple-raccoglie-55-milioni-grandi-banche-111337.shtml?uuid=ADukqXPB [Accessed June 4, 2018].

von Hayek, F.A., 1976. *The Denationalization of Money: An Analysis of the Theory and Practice of Concurrent Currencies* T. Arts, ed., Institute of

Economic Affairs.

Il Post, 2018. Dopo Bitcoin, imparate cos'è Ripple - Il Post. *Il Post*. Available at: http://www.ilpost.it/2018/01/05/ripple-criptovaluta-spiegazione/ [Accessed June 4, 2018].

Korjus, K., 2017. Welcome to the blockchain nation – E-Residency Blog – Medium. *Medium*. Available at: https://medium.com/e-residency-blog/welcome-to-the-blockchain-nation-5d9b46c06fd4 [Accessed June 16, 2018].

Lanari, C., 2018. Truffe Unicredit, Intesa San Paolo e Postepay: ecco cosa fare per stare al sicuro - InvestireOggi.it. *Fisco - Investireoggi.it*. Available at: https://www.investireoggi.it/fisco/truffe-unicredit-intesa-san-paolo-postepay-cosa-stare-al-sicuro/ [Accessed May 19, 2018].

LaStampa, 2017. In Giappone si paga già in Bitcoin dal sushi alla bolletta del gas. *LaStampa.it*. Available at: http://www.lastampa.it/2017/06/03/tecnologia/in-giappone-si-paga-gi-in-bitcoin-dal-sushi-alla-bolletta-del-gas-HpwRESB4gTNHCPQfHGaAVI/pagina.html [Accessed June 15, 2018].

Liberatore, L., 2017. Allianz lancia un prototipo di blockchain per mercato assicurativo captive | Wall Street Italia. *Wall Street Italia*. Available at: http://www.wallstreetitalia.com/news/allianzlancia-un-prototipo-di-blockchain-per-mercato-assicurativo-captive/ [Accessed June 1, 2018].

Licata, P., 2018. Cyber-crime, sottratti 17 milioni di dollari alle banche russe - CorCom. *CorCom.* Available at: https://www.corrierecomunicazioni.it/cyber-security/cyber-crime-sottratti-17-milioni-dollari-alle-banche-russe/ [Accessed May 24, 2018].

Liebkind, J., 2017. Bitcoin Government Regulations Around the World. *Investopedia.* Available at: https://www.investopedia.com/news/bitcoin-government-regulations-around-world/ [Accessed June 15, 2018].

Lorusso, M.M., 2018. Deep Web cos'è, come entrare e cosa si rischia | Digital4Trade. *Digital4Trade.* Available at: https://www.digital4trade.it/tech-lab/deep-web-cose-come-entrare-e-cosa-si-rischia/ [Accessed June 16, 2018].

Mione, M., 2017. Storia del Bitcoin, della blockchain e delle altre cryptocurrencies. *Funds People.* Available at: https://it.fundspeople.com/news/storia-del-bitcoin-della-blockchain-e-delle-altre-cryptocurrencies [Accessed May 18, 2018].

Nakamoto, S., 2008. Bitcoin: A Peer-to-Peer Electronic Cash System. *bitcoin.org.* Available at: https://bitcoin.org/bitcoin.pdf [Accessed May 18, 2018].

Nakamoto, S., 2009. Bitcoin open source implementation of P2P currency. Available at: http://p2pfoundation.ning.com/forum/topics/bitcoin-open-source [Accessed June 28, 2018].

Nicotra, M., 2018. Le norme su Bitcoin e crittovalute nei diversi Paesi: il quadro | Agenda Digitale. *Agenda Digitale*. Available at: https://www.agendadigitale.eu/sicurezza/le-norme-bitcoin-crittovalute-nei-diversi-paesi-quadro/ [Accessed June 11, 2018].

Nosengo, N., 2011. C'era una volta uno standard tutto d'oro | La macchina a vapore. Available at: http://archivioscienze.scuola.zanichelli.it/la-macchina-a-vapore/2011/09/18/gold-standard/ [Accessed May 18, 2018].

Ore, I.S. 24, 2018. Furti di bitcoin / Mt Gox, il furto più grande. *Il Sole 24 ORE*. Available at: http://www.ilsole24ore.com/art/tecnologie/2018-03-06/furti-bitcoin-mt-gox-furto-piu-grande-112324.shtml?uuid=AEAL57BE [Accessed May 18, 2018].

Partz, H., 2018. Russia's Ministry of Finance Legalizes Cryptocurrency Trading, Central Bank Disagrees. *Cointelegraph*. Available at: https://cointelegraph.com/news/russias-ministry-of-finance-legalizes-cryptocurrency-trading-central-bank-disagrees [Accessed June 16, 2018].

Piazza, M., 2016. Le operazioni in Bitcoin non tassabili

come le banconote. *Il Sole 24 ORE*. Available at:
http://www.ilsole24ore.com/art/norme-e-
tributi/2016-09-06/le-operazioni-bitcoin-non-
tassabili-come--banconote--
215301.shtml?uuid=ADjn9vFB [Accessed June 12,
2018].

Rapoza, K., 2017. After Crackdown, Nearly Every
Chinese ICO Returns Cash To Investors. *Forbes*.
Available at:
https://www.forbes.com/sites/kenrapoza/2017/09/
25/after-crackdown-nearly-every-chinese-ico-
returns-cash-to-investors/ [Accessed June 15,
2018].

Reuters Editorial, 2018. Vietnam calls for tougher
measures on cryptocurrency deals amid alleged
scam. *U.S.* Available at:
https://www.reuters.com/article/vietnam-
cryptocurrency/vietnam-calls-for-tougher-
measures-on-cryptocurrency-deals-amid-alleged-
scam-idUSL3N1RO4DL [Accessed June 15, 2018].

Riccio, S., 2017. Rivoluzione in Svizzera, il fisco si
paga anche in Bitcoin. *LaStampa.it*. Available at:
http://www.lastampa.it/2017/09/10/esteri/la-
svizzera-la-nuova-frontiera-tasse-in-
criptovalute-in-due-cantoni-
T9K2pkj9vzXVMCfarPZsoL/pagina.html [Accessed
June 16, 2018].

Riva, A., 2015. Quegli hacker che rubano un miliardo

di dollari e che nessuno sa fermare. *ilGiornale.it*.
Available at:
http://www.ilgiornale.it/news/cronache/furto-
hacker-1-miliardo-dollari-che-nessuno-ancora-
riuscito-1095857.html [Accessed May 24, 2018].

Samuelson, P.A., 1983. *Economia* Zanichelli, ed.,

Semeraro, D., 2007. Elezioni, arriva il voto su internet
La rivoluzione parte dall'Estonia - esteri -
Repubblica.it. Available at:
http://www.repubblica.it/2007/02/sezioni/esteri/e
stonia-voto-web/estonia-voto-web/estonia-voto-
web.html?refresh_ce [Accessed June 16, 2018].

Shin, L., 2017. Why Nasdaq Is Even More Optimistic
About Blockchain Than It Was 3 Years Ago.
Forbes. Available at:
https://www.forbes.com/sites/laurashin/2017/02/2
1/why-nasdaq-is-even-more-optimistic-about-
blockchain-than-it-was-3-years-ago/ [Accessed
June 5, 2018].

Signorelli, A., 2017. Le carte di credito sono al riparo
dagli attacchi hacker? *LaStampa.it*. Available at:
http://www.lastampa.it/2017/09/01/tecnologia/le-
carte-di-credito-sono-al-riparo-dagli-attacchi-
hacker-okrUDrDz4vo1HPzvtRA37I/pagina.html
[Accessed May 18, 2018].

Sil, Y.Y., 2017. S. Korean Financial Authorities Ban
Bitcoin Futures Trading. *BusinessKorea*. Available
at:

http://www.businesskorea.co.kr/news/articleView.
html?idxno=20022 [Accessed June 15, 2018].

Soldavini, P., 2018a. Boom di investimenti in
blockchain: gi� superato a inizio 2018 l'intero
anno scorso. *Il Sole 24 ORE*. Available at:
http://www.ilsole24ore.com/art/tecnologie/2018-
05-21/boom-investimenti-blockchain-gia-
superato-inizio-2018-l-intero-anno-scorso-
121153.shtml?uuid=AErkOsrE [Accessed May 29,
2018].

Soldavini, P., 2018b. In Sierra Leone le prime elezioni
al mondo garantite da blockchain. *Il Sole 24 ORE*.
Available at:
http://www.ilsole24ore.com/art/mondo/2018-03-
17/in-sierra-leone-prime-elezioni-mondo-
garantite-blockchain-
190050.shtml?uuid=AEXMDpIE [Accessed June 2,
2018].

Spagnuolo, E., 2017. Addio Bitcoin, nel deep web ora si
paga con Monero e Zcash - Wired. *Wired*.
Available at:
https://www.wired.it/economia/finanza/2017/04/2
6/bitcoin-monero-zcash/ [Accessed May 18, 2018].

Stefano Capaccioli, D.D., 2018. Bitcoin in RW, il bivio
della «chiave». *Il Quotidiano del Fisco - Il Sole 24
Ore*. Available at: http://24o.it/NHwmzl [Accessed
June 12, 2018].

Tarrant-Cornish, T., 2018. "Terrorist dream come

true" ISIS using Bitcoin to fund deadly attacks and buy weapons. *Express.co.uk*. Available at: https://www.express.co.uk/finance/city/902517/IS IS-Bitcoin-terrorist-attack-deadly-weapons-funding-cryptocurrency-money-laundering [Accessed June 17, 2018].

Tortoriello, D., 2017. La storia delle Borse Valori nel mondo. Available at: https://www.soldionline.it/guide/mercati-finanziari/la-storia-delle-borse-valori-nel-mondo [Accessed June 2, 2018].

Waugh, R., 2017. What is a Red Room? Do darkweb "live stream" murder sites really exist? *Metro*. Available at: https://metro.co.uk/2017/02/27/what-is-a-red-room-do-darkweb-live-stream-murder-sites-really-exist-6476047/ [Accessed June 20, 2018].

Williams-Grut, O., 2015. One of the world's biggest banks just admitted bitcoin could destroy existing finance firms. *Business Insider*. Available at: http://uk.businessinsider.com/bnp-paribas-bitcoin-blockchain-securities-firms-redundant-2015-7 [Accessed May 28, 2018].

Wroughton, L., 2018. U.S. warns investors over Venezuela's "petro" cryptocurrency. *U.S.* Available at: https://www.reuters.com/article/us-venezuela-economy-cryptocurrency/advisers-urge-deep-discount-in-venezuelan-

cryptocurrency-offering-idUSKBN1F52AB
[Accessed June 16, 2018].

Wyman, O., 2016. Blockchain in the capital markets.
Available at:
http://www.oliverwyman.com/content/dam/oliver
-wyman/global/en/2016/feb/BlockChain-In-
Capital-Markets.pdf [Accessed June 5, 2018].

Young, J., 2015. Deutsche Bank: The Blockchain is a
"Truly Disruptive Idea." *Cointelegraph*. Available
at: https://cointelegraph.com/news/deutsche-
bank-the-blockchain-is-a-truly-disruptive-idea
[Accessed June 3, 2018].

Zotina, N., 2017. Банк России выступает против
приравнивания криптовалют к иностранным
валютам. *РИА Новости*. Available at:
https://ria.ru/economy/20170914/1504747105.ht
ml [Accessed June 16, 2018].

Zuckerman, M.J., 2018a. Cryptojacking a Tesla: sistemi
senza password utilizzati per il mining di
criptovalute. *Cointelegraph*. Available at:
https://it.cointelegraph.com/news/tesla-
cryptojacked-hackers-use-passwordless-system-
to-mine-crypto [Accessed June 1, 2018].

Zuckerman, M.J., 2018b. European Banks Complete
First Live Securities Transfer On R3's Blockchain
Platform. *Cointelegraph*. Available at:
https://cointelegraph.com/news/european-banks-
complete-first-live-securities-transfer-on-r3s-

blockchain-platform [Accessed June 3, 2018].